·海关法律实务丛书·

（2016 年出版）

（2017 年出版）

（2018 年出版）

（2019 年出版）

（2020 年出版）

主　　编：吕友臣
副主编：袁　率　郑宗亨
撰稿人：吕友臣　袁　率　郑宗亨
　　　　张　哲　卢玉军　胡天豪
　　　　赵晓英　杨　洁

业务秘书：赵晓英
咨询电话：13902966453　0755-88281120
邮　　箱：zhaoxy@dehenglaw.com

　　"观沧海研究院"微信公众号为您
提供最新最全的进出境通关及后续监管方
面的海关法律法规，内容涵盖走私刑事
案件辩护、行政案件处理、合规性检查、
AEO认证等，以及当下最热门、人们最
关心的民商、经济、刑事等方面的法律咨
询、法规快递及案例分享。敬请关注。

吕友臣

中国政法大学法学学士、法学硕士

北京德恒（深圳）律师事务所合伙人、律师

袁　率

黑龙江大学法学学士、中欧国际工商学院EMBA（在读）

北京德恒（深圳）律师事务所合伙人、律师

郑宗亨

中山大学法学学士、厦门大学法学硕士

北京德恒（深圳）律师事务所高级顾问、律师

张　哲

中南财经政法大学法学学士、法学硕士

北京德恒（深圳）律师事务所团队合伙人、律师

卢玉军

吉林大学法学硕士

北京德恒（深圳）律师事务所律师

胡天豪

西南政法大学法学学士、管理学学士（CPA方向）

北京德恒（深圳）律师事务所律师

赵晓英

深圳大学工商管理硕士、中国人民大学民商法法学
硕士（在读）

北京德恒（深圳）律师事务所实习律师

杨　洁

西南政法大学法学学士、上海对外经贸大学法学硕士

北京德恒（深圳）律师事务所律师助理

跨境电商法律实务一本通

KUAJING DIANSHANG FALYU SHIWU YIBENTONG

吕友臣　主编

海天出版社

HAITIAN PUBLISHING HOUSE

·深　圳·

图书在版编目（CIP）数据

跨境电商法律实务一本通 / 吕友臣主编. — 深圳：
海天出版社, 2020.10
ISBN 978-7-5507-2917-9

Ⅰ.①跨… Ⅱ.①吕… Ⅲ.①电子商务—法规—中国
Ⅳ.①D922.294

中国版本图书馆CIP数据核字(2020)第090746号

跨境电商法律实务一本通
KUAJING DIANSHANG FALYU SHIWU YIBENTONG

出 品 人　聂雄前
责任编辑　刘翠文
责任技编　陈洁霞
装帧设计　斯迈德设计
　　　　　0755-83144228

出版发行　海天出版社
地　　址　深圳市彩田路2038号海天综合大厦（邮政编码：518033）
网　　址　www.htph.com.cn
订购电话　0755-83460239（邮购、团购）
排版制作　深圳市斯迈德设计企划有限公司（0755-83144228）
印　　刷　深圳市天鸿印刷有限公司
开　　本　787mm×1092mm　1/16
印　　张　15
字　　数　244千
版　　次　2020年10月第1版
印　　次　2020年10月第1次
定　　价　68.00元

序

　　这本小册子的出版似乎有些不合时宜。原因很简单，跨境电商刚刚起步，发展迅猛，创新不断，与之相适应的监管政策、法律规范尚未成形，随时可能调整。这本书的内容也随时需更新和订正，我们在写作的过程中已深刻体会到了这一点。

　　然而，目前市面上极端缺乏跨境电商法律实务方面的书籍。这是促使我们"非合时宜"地出版这本书的原因。

　　立足实务，本书涵盖三个主要部分。

　　第一部分，跨境电商基础知识。对跨境电商的概念、范畴、商品性质、通关渠道、监管方式、参与主体及相应责任、法律风险等基础知识进行简要介绍。本部分由吕友臣撰写。

　　第二部分，跨境电商监管政策演变及核心政策解读。对近年来国家各层面、各部门的跨境电商监管政策进行详细梳理，对政策法规的基本内容、地位、重要程度、效力状态做出点评；对核心监管政策规范中的重要条款逐条做出精细解读。本部分由吕友臣撰写，杨洁协助完成"监管政策演变"的内容。

　　第三部分，案例分析。选取实践中典型的刑事、行政、民商事案例进行解读评析，提炼裁判要旨，揭示跨境电商实践中的风险及如何防范。本部分由吕友臣、袁率、郑宗亨、张哲、卢玉军、胡天豪、赵晓英、杨洁分别撰写。

　　最后，我们附录了近年来跨境电商监管政策法规。

　　我们希望，本书能对跨境电商基础知识做出简洁而又准确的介绍，对跨境电商监管政策法规做出全面的梳理和详尽的解读，对跨境电商实务案例做出精练而深刻的剖析。

　　立足实务，需要紧扣政策法规。

　　实践中，缺乏对政策法规的解读和思考，不要说深入的理论探讨，就是表浅的理解在多数情况都存在着误解和分歧。比如，跨境电商的范围到底如何限定，其标准是"商品跨境"还是"交易主体跨境"，抑或二者缺一不可？为何目前政策规定跨境电子商务企业一定要是境外注册的企业？再比如，实现了"三单比对、系统对接"的跨境电商能得到海关等相关管理部门认定；那么除此之外的，是否就不被认作跨境电商，对其又该适用什么样的规则监管？再比如，邮政包裹是否是跨境电商合法的进境渠道；如果是，其无须提前全面申报、海关现场抽查监管的特点如何保证税款的全额征收，由此带来的税款漏缴责任如何认定？等等。这些问题的存在，已经在一定程度上影响了跨境电商的健康发展，也让跨境电商从业者极易陷入违法违规甚至走私犯罪的危险境地。

实践中的认识混乱，更多的是源自立法的缺失。

国家层面对跨境电商监管给予关注和规范始于 2013 年前后。海关总署 2014 年第 56 号公告是第一份全面规范跨境电商监管的政策文件，2014 年也因此被认为是跨境电商监管政策元年。彼时监管部门普遍将跨境电商进口商品按照个人物品监管，凭借这一政策优势，跨境电商一时风光无限、蓬勃发展，由此也招致了对跨境电商与一般贸易监管政策失衡的非议。以海关总署公告 2016 年第 26 号为代表的"4·8 新政"，设置了正面清单、个人年度和单次购买限值、跨境电商综合税等，尤其是按照货物监管政策要求跨境电商企业提交相关进出口文件的规定为跨境电商发展踩下了刹车，跨境电商的发展陷入了低谷。其后，国务院相关部门多次宣布推迟适用该政策，强调跨境电商进口商品暂按个人物品监管，这在一定程度上为跨境电商续了命，但政策不稳定的情况没有根本好转。2018 年，《中华人民共和国电子商务法》出台，跨境电商的监管政策再次得以明确。以海关总署公告 2018 年第 194 号为代表的一系列政策文件，明确了跨境电商商品按照个人物品监管，扩大了清单范围，提高了个人购买限值，明确了跨境电商企业、平台企业、服务企业、消费者各自的责任，明确了不得二次销售等规则，实现了跨境电商监管政策的又一次质的飞跃，监管政策渐趋明朗。当然，在这期间，国务院及相关部门还出台了大量关于出口退税、外汇支付、数据传输等方面的政策文件。

但是，我国目前有关跨境电商的立法基础非常薄弱。前述几个跨境电商监管政策的规范性文件都是海关总署公告，或者是海关总署与商务部、财政部、税务总局等部门联合发布的通知，尚且达不到效力层级最低的立法——部门规章的层面。2019 年 1 月 1 日起实施的《中华人民共和国电子商务法》中虽有关于跨境电商方面的内容，但都是国家鼓励跨境电商、倡导合法经营等笼统的原则性规定，没有实质性的基础立法意义。

政策法规的不明确、不健全，导致了相关案件高发和争议普遍存在。尤其是由于相关从业者对跨境电商政策的误解或过于自信，以为利用政策漏洞不用承担刑事法律责任，导致发生走私犯罪刑事案件，让人叹惜。

我们希望本书能让相关的从业者对跨境电商基础知识和现行政策法规有相对完整的认知，对跨境电商经营中的相关风险给予足够的关注和重视。我们也希望本书能推动政策制定者进一步完善政策规定，加快立法进程。

一部完整的、专门的跨境电商监管法规规章出台之日，就是本书修订之时。我们期待！

令人欣喜的是，本书完稿之际，2020 年 6 月 12 日，海关总署公告 2020 年第 75 号（《关于开展跨境电子商务企业对企业出口监管试点的公告》）发布。该公告主要是针对 B2B 出口，实际上是将跨境电商的范围进一步扩大化，海关规范的触角从零售延伸到了批发。我们在本书中主要讨论的是零售跨境电商，这也是我国目前跨境电商监管政策法规的主流，我们甚至为国家未将更多的实质上的跨境电商纳入现行监管政策法规感到遗憾。海关总署公告 2020 年第 75 号是一个开端和进步。但需要注意的是，跨境电商 B2B 与跨境电商 B2C 在商品属性、监管规则上存在本质差别，跨境电商 B2B 在国际贸易实务中本质上与一般贸易更接近。我们在本书的第一部分对跨境电商 B2B 出口做了简单的补充介绍，但本书的主体内容，还是针对跨境电商零售进出口。

是为序。

吕友臣

目 录 >>>

第二部分　跨境电商监管政策演变及核心政策解读

监管政策演变

核心政策解读

3

第三部分　案例分析

刑事案例

行政案例

第一部分

跨境电商基础知识

跨境电商的属性 —— 商品跨境是实质性要素，交易主体跨境不应是强制性要求

跨境电商是跨境电子商务的简称。由"跨境"和"电子商务"组成，具备双重属性。

"跨境"是其区别于普通电子商务的特性。何为跨境，可以从两个方面理解：

第一，跨越不同的关境，或分属不同的关境。注意：这里所说的是不同的"关境"，而不是"国境"。在同一国境（国家）内，可以分不同的关境区域，比如我国香港、澳门、台湾、内地（祖国大陆）就分属不同的关境。

第二，跨境的主体或对象是指什么？是交易主体的"跨境"（即买家和卖家处于不同的关境），还是交易对象的"跨境"（即交易商品位于不同的关境），两者需兼而有之抑或具备其一即可？目前的相关法律规定对此没有明确。但从相关部门监管政策调整情况看，2018 年政策调整之前强调的是商品的跨境性，卖家可以与买家一样，是中国境内注册的企业。2018 年政策调整，既要求满足商品的跨境性，也要求满足主体的跨境性，强调交易主体应处于不同的关境，如商财发〔2018〕486 号文和海关总署公告 2018 年第 194 号都明确要求进境零售的跨境电商购买者是境内消费者，而电子商务企业是境外注册的企业。

多数评论认为，这一调整和限定，回归了跨境电商的本质。但笔者认为，跨境电商的本质要求应该是商品的跨境性，即交易过程的完成需要通过商品跨越关境来实现，至于主体是否分属不同的关境反而未必是实质性因素。譬如，在零售进口中，中国内地的消费者向中国境内的电商企业购买其在境外经营的商品，应该是允许的，而且也应该是跨境电商应有的一种交易途径。或者说，我们没有理由，也不应该限制中国境内的企业或组织成为中国进境跨境电商交易中的卖家。由于目前政策限定跨境电商企业必须是境外注册的企业或组织，导致跨境电商经营中必须做出 AB 架构的体制安排，即：在境外注册的跨境电子商务企业必须委托一个境内企业完成海关注册、申报委托等事项，同时境内受托企业必须对境外

跨境电商的法律义务承担连带责任。这一基于行政管理政策规定设置的企业架构及其连带责任的合法性本身就值得质疑。

"电子商务"是跨境电商区别于传统外贸的特征。相比于传统的对外贸易,跨境电商是通过电子手段,或者说是通过互联网等信息手段完成的,这一点与境内的电子商务是一致的。需要关注的问题是:第一,电子手段包括哪些,目前来说互联网是一个典型代表,但不是全部,且互联网也包含了很多方式,如网站、APP、小程序等,甚至微商、代购、社区导购也可以算作是电商的一种。第二,需要明确互联网等电子手段在电子商务领域参与的程度。是要求商品的展示、订购、付款等所有环节都需要经电子手段完成,还是部分环节甚至只有某一环节是通过电子手段完成的商务活动即属于电子商务。譬如,只是通过互联网完成商品展示,具体的订购、付款等都是通过线下完成的,能否算得上是跨境电商,这一点在实践中有争议。

在跨境电商领域,跨境性比电子商务的特性更重要;或者说,实践中跨境性带来的问题更迫切需要解决。

跨境电商的分类 —— 批发与零售

标准不同，分类结果自然不同。

1. 根据交易量和批次不同，跨境电商分为批发和零售。

批发，意味着批量大、批次少，对应的贸易方式为一般贸易，商品属性为货物。零售，意味着小批量、多频次，对应的贸易方式有可能是一般贸易，商品属性有可能是货物，也可能是个人物品。笔者以为，批发与零售的根本差异在于是否属于终端消费环节，是否存在转售或再次交易。批发意味着再次交易，零售则意味着进入终端生产和消费环节。

对于是否属于零售，也是相关监管部门是否将其纳入特定监管模式的标准。对进口跨境电商而言，海关等相关部门只对符合条件的零售设置购买限值、综合税收等跨境电商专门规范，纳入专门监管方式；对批发则直接纳入一般贸易管理。对出口跨境电商，由于一般不涉及出口征税问题，相关监管部门未对批发及零售做出限制和强调。但由于跨境零售出口在实践中存在缺乏规范的进项凭证问题，出口环节的税款减免及抵扣问题需要给予特殊政策处理，此时，零售成为有意义的标识[①]。

2. 根据交易主体属性，跨境电商分为 B2B、B2C、C2C、B2B2C 等。

这几类分别意味着企业卖家对企业买家、企业卖家对个人买家、个人卖家对个人买家、企业卖家到企业买家再到个人买家。这种分类与前述批发和零售的分类有一定的对应性。如 B2B 一般对应着批发，B2C、C2C、B2B2C 一般对应着零售。但事实上也未必尽然，B2B 也存在零售的情况，例如国内的企业或社会组织作为消费者而不是贸易商的角色购买跨境电商商品的行为。对于这一行为能否纳

---

① 相关政策参见《财政部　国家税务总局关于跨境电子商务零售出口税收政策的通知》（财税〔2013〕96号）、《财政部　税务总局　商务部　海关总署关于跨境电子商务综合试验区零售出口货物税收政策的通知》（财税〔2018〕103号）、《国家税务总局关于跨境电子商务综合试验区零售出口企业所得税核定征收有关问题的公告》（国家税务总局公告〔2019〕36号）等。

入跨境电商，2018 年的政策规定并未排除，但实践中，海关监管的跨境电商要求消费者实名注册、个人购买限值，这使得企业作为跨境电商的购买者的角色很难实现。

3. 根据商品流向分为出口跨境电商和进口跨境电商。

这一分类比较容易区分。实践中，监管部门对这两类电商的监管要求完全不同，企业遇到的问题也截然不同，基本上不存在两者区分上的困扰。但对比一下，也会发现一些因此种分类带来的政策矛盾。比如，在跨境进口领域，相关政策一直强调零售性，这是适用"按个人物品监管"的前提；但在出口领域，因要实现出口退税，明显又是在强调商品的"货物"属性。在国家监管政策的管理范畴内，跨境电商商品的进口和出口分属不同的属性。

实践中，第一、第二分类标准经常混用或者结合使用。因不同的交易主体会带来商品属性、贸易属性的变化，进而影响监管方式和要求，故实践中这两种分类具有重要意义。

跨境电商的范围界定 —— 官方版本与民间版本

严格来讲，明确了跨境电商的概念属性，其范围自然就已确定；或者说根据跨境电商的内涵可以明确其外延。从这个意义上来说，凡是具备跨境和电子商务双重属性的交易都应归入跨境电商的范围。

我们在本文中重点讨论的是官方版本的跨境电商和民间版本的跨境电商、狭义跨境电商和广义跨境电商的区别和联系。

广义的跨境电商，我们将其视为民间版本的跨境电商，也就是说凡是具有跨境和电子商务二重属性的都是跨境电商。广义跨境电商概念存在的本身价值与其双重属性直接相关，即具备此双重属性就有了统计和规范的必要性。

狭义的跨境电商是专指 2C 模式下的跨境电商。对跨境电商而言，需要解决因跨境而带来的特殊问题。在 B2B 模式下，跨境交易主体一般按照一般贸易方式解决跨境问题，与传统对外贸易进出口通关中的问题及解决方法基本一致，不存在特殊问题，故实践中对批发形式的跨境电商讨论和关注不多。而 2C 模式下，由于买家是消费者，在通关模式、通关时效、监管要求、商品属性认定、税收义务承担上产生了不同于一般贸易的诉求。基于此，将带有零售性质的跨境电商或者说买家是自然人个人的跨境电商单列出来，称之为狭义的跨境电商。

实践中，还有比狭义跨境电商范围更窄的，也就是说，基于特殊的需要将零售跨境电商中的部分再进一步单独列出，赋予其特殊的意义。比如说，符合特定要求纳入海关特殊监管方式的跨境电商，我们称之为官方版本的跨境电商。从海关总署公告 2014 年第 56 号起，到 2016 年第 26 号，再到 2018 年第 194 号，都强调实现与海关系统对接、三单比对的跨境电商零售进口按照海关设定的方式来监管，适用特殊的税率、特定的监管程序。对于没有达到上述要求的，财关税〔2016〕18 号文的要求是按照现有办法管理。至于何为"现有办法"，不得而知。

　　上述是我们对跨境电商的基本范围划分，也是我们讨论问题的立足点。本书的讨论中，焦点是狭义范围的跨境电商，包括官方版本和非官方版本。

　　需要明确，没有纳入官方版本的，并不能否定其跨境电商的属性，只能说官方目前还未明确对其如何规范，这也恰恰说明研究官方版本之外的"跨境电商"的意义和价值。

跨境电商商品的属性 —— 货物还是物品

何为属性，不同的维度有不同的定义标准。对跨境电商来说，由于涉及进出口、进出境问题，重点是解决跨境中的申报、征税、禁限制管理等问题，故对其商品属性的讨论聚焦在货物、个人物品的属性认定上。认定为货物意味着商品需要按照货物来进行申报，需要符合货物的监管条件，按照货物来征税；认定为个人物品的，则按照个人物品来申报、征税，监管条件也按照个人物品来设定。

对 B2B 类跨境电商，商品属性无争议，应该属于货物，按照一般贸易货物申报办理手续。

争议的焦点是零售跨境电商商品属性的认定。海关总署公告 2014 年第 56 号出台后，海关普遍按照个人物品监管，征收个人物品税；其后海关总署公告 2016 年第 26 号明确，海关按照货物监管，征收跨境电商综合税，纳税义务主体是个人。由于社会反响强烈，国务院相关部门先后多次声明"按照货物监管的规定暂缓执行"，暂按个人物品监管。这其中最主要的考虑就是若按照货物监管，跨境电商企业办理通关手续时无法提供货物进口要求的通关单证等文件。直至海关总署公告 2018 年第 194 号，正式明确按照个人物品监管。但海关征收的还是按照货物税计核的跨境电商综合税，纳税义务主体是个人。当然，前述关于商品属性的规定也并非海关总署通过总署公告能单独明确的，公告是财政部、税务总局、海关总署、商务部等部门会商的结果，可以视作国务院的决定。这里将其直接归属于海关总署公告的决定，仅仅是为表述的方便。

因涉及多方利益，关于跨境电商商品属性的争议非常激烈。实践中，判断标准或论述标准一般有两个。

一是合理自用标准，即以进出口、进出境的商品是否是自然人自用的且数量在合理范围内来确定是否属于物品。自用是一个定性标准，包括消费者自己使用和馈赠亲友，实际上也就是强调消费者是终端消费者，不得再行销售。这一点将跨境电商平台上消费者购买的商品与代购者为他人购买的商品区别开来。实践中，自用与否还要根据时点来判断，即在某一个时点是否是归属于自用的，这个时点应该就是进出境环节。从这个意义上来讲，对于非囤货式的代购，其代购的商品在进出境环节也可以认定为个人自用物品。合理数量是定量因素，不同类型的个人可携带不同数量的个人物品进出境，超出合理数量的部分则视同货物进行监管和对待。

二是商业属性标准，即跨境电商销售的商品是否具备商业属性，具备商业属性的则应按照货物来对待，不具备商业属性的则按照个人物品来对待。商业属性的判断在于该商品是否存在转售，是否存在二次销售，或者说购买者是否是终端消费者。在这个意义上讲，与自用的标准是一致的。实践中，有争议的是，商家是否存在先买再卖的情形，特别是在 B2B2C 的情形下，商家有可能从上家购买后进境再销售。我们认为，在这种情形下，还是要回到问题的本身来判断，即在进出境的那个时点，是否已经存在了特定的买家，是否已经特定是为某个自然人消费者订购的物品，进境后只能交付给特定的消费者；如果是，那么就已经不存在二次销售的可能性，应该认定为个人物品。

当然，实践中也出现了第三种意见和声音，即不再区分跨境电商商品是货物还是物品的属性，或者说按照独立于货物、物品之外的一种特殊的商品属性来监管。

还要注意的是，关于货物、物品属性的争议主要集中在进境环节，这与进境商品的监管条件及税负义务直接相关。在出境环节，一般不涉及税收问题，也较少涉及许可证件问题，企业不谋求出口退税的情形下，相关部门对于其以何种方式申报出境关注度不高。

跨境电商的进出口（境）渠道

渠道，是一个通俗的说法。此处的渠道是指通过何种方式完成商品跨境。这些渠道和方式方法既包括完全合法合规的，也包括相对灰色的，还有一些可能涉嫌违法甚至构成犯罪。我们将其大致罗列如下。

一、完全合法的方式

1. 一般贸易方式。

不管是 B2B，还是 B2C、B2B2C 模式下的跨境电商都可能选择一般贸易方式进口。对于 B2B 来说，一般贸易方式是唯一合法合规的方式。在 B2C、B2B2C 模式下，有时商家为了规避其他进口方式带来的麻烦，也可能主动选择一般贸易方式。当然，一般贸易方式存在办理手续时间长、成本高等特点，与跨境电商的特点和要求不相符，甚至会引发是否是跨境电商、能否保证商品来自境外的质疑。

2. 海关设定的跨境电商系统模式。

即通过与海关系统对接，实现三单比对的环境下，以保税电商或直购电商模式实现进境的方式。

二、灰色的方式

即以这些渠道、方式完成的进出境，是否合法存在争议。

1. 快件进出模式。

由于快件实行清单式完全申报，按照货物或物品全额征税，尤其是在海关总署公告 2016 年第 19 号明确个人物品可以以 B 类快件方式进出境，而海关总署公告 2018 年第 194 号又明确了跨境电商商品的个人物品属性后，通过快件渠道进出境应该说不存在合规方面的障碍。但也有争议，有观点认为，国家监管层面承认跨境电商商品个人物品的属性前提是要通过海关监管系统申报进口，对此之外的并未明确。对此之外的要回到财关税〔2016〕18 号文所说的"现有办法"，但何为现有办法，不得而知。同时，通过快件渠道进出境的成本代价非常高，远远高过了跨境电商模式。

2. 个人邮包进出模式。

以个人物品名义通过邮政包裹进出境在性质上与快件相似。根本区别是，个人邮包在海关监管的过程中没有提前申报程序，海关实行抽查式监管，抽查到的按照个人物品进行审价和征税，没有抽查到的自动放行。由于没有实现完整申报、全额缴税，潜藏巨大风险。实践中，由于抽查率低带来的整体征税率相对非常低，个人邮包渠道成了部分跨境电商商家的首要选择。

3. 各种专线、快线模式。

目前市场上盛行的专线模式，成本相对较低，但具体进出方式如何，是一般贸易、邮包还是快件，尚待商榷。

4. 包税模式。

即商家以商品价值或重量为标准将跨境电商商品包税交给物流公司操作。具体的进出境方式不详，合法性不便评价。可以明确的是，包税本身不一定违法，但如果包税的价格明显低于合法进出的税收负担成本，则对外发包的主体肯定涉嫌参与违法，甚至构成犯罪。

三、涉嫌非法的方式

1. 代购者的个人携带，或称人肉携带。

实践中大量的案例已经证明了该渠道的非法性，但相较于数量庞大的人肉代购，该渠道被海关查获的几率并不高，所以大家对人肉代购的性质存在模糊的认识。如李某代购走私案。

2. 水客携带。

与前述人肉携带性质相同，但由专业的水客或水客团伙完成。

3. 非设关地偷运。

即通过海关非设关地以偷运的方式进境，包括海上偷运与陆上偷运。

跨境电商通关中的海关特殊监管区域和保税物流中心（B型）

在跨境电商的进出境模式及海关监管过程中，海关特殊监管区域和保税物流中心（B型）是一个非常重要的概念。海关总署公告 2018 年第 194 号第 18 条规定，跨境电子商务网购保税进口业务应当在海关特殊监管区域或保税物流中心（B型）内开展。也就是说，具备上述区域（场所）是开展跨境电商网购保税模式的前提。海关总署公告 2016 年第 26 号也有类似的规定。可见，海关特殊监管区域、保税物流中心（B型）是两个非常重要的概念。

一、海关特殊监管区域

专指经国务院批准，设立在中华人民共和国关境内，赋予承接国际产业转移、连接国内国际两个市场的特殊功能和政策，由海关为主实施封闭监管的特定经济功能区域。

目前，海关特殊监管区域有六种模式：保税区、出口加工区、保税物流园区、跨境工业区、保税港区、综合保税区。

基本特征：一是经过国务院审批，属于国家级开发区；二是采取封闭围网管理，监管设施有严格的标准；三是都具有一线、二线的通关特征；四是都具备保税功能。

根据《国务院关于促进海关特殊监管区域科学发展的指导意见》（国发〔2012〕58 号），发展趋势是整合现有类型，在基本不突破原规划面积的前提下，逐步将现有出口加工区、保税物流园区、跨境工业区、保税港区及符合条件的保税区整合为综合保税区。2012 年起新设立的海关特殊监管区域统一命名为综合保税区，原有海关特殊监管区域正加快整合优化为综合保税区。据资料显示，截至 2020 年 6 月底，全国共有海关特殊监管区域 155 个，其中包括综合保税区 134 个、保税港区 8 个、保税物流园区 1 个、保税区 9 个、出口加工区 1 个、珠澳跨境工业区（珠海园区）、中哈霍尔果斯国际边境合作中心（中方配套区）。①
分布在除西藏自治区、台湾地区、香港特别行政区、澳门特别行政区外的 30 个
省（自治区、直辖市）。

二、保税物流中心（B 型）

保税物流中心（B 型）属于海关保税监管场所。保税监管场所是经海关批准
设立由海关实施保税监管的特定场所，不同于海关特殊监管区域的是，其属于海
关审批事权。保税监管场所主要包括保税仓库、出口监管仓库、保税物流中心
（A、B 型）。

保税物流中心是指封闭的海关监管区域并且具备口岸功能，分 A 型和 B 型两
种。至 2019 年底，全国有保税物流中心（B 型）共计 92 个。至 2020 年 3 月底，
江阴、河南、泸州港、宜宾、成都铁路、温州、义乌、汕头、东莞等保税物流中
心已分别拓展升级为江阴、河南经开、泸州、宜宾、成都国际铁路港、温州、义
乌、汕头、东莞虎门港等综合保税区。

保税物流中心（B 型）是指经海关批准，由中国境内一家企业法人经营，
多家企业进入并从事保税仓储物流业务的海关集中监管场所。保税物流中心（B
型）经营企业可以开展以下业务：保税存储进出口货物及其他未办结海关手续货
物；对所存货物开展流通性简单加工和增值服务；全球采购和国际分拨、配送；
转口贸易和国际中转业务；经海关批准的其他国际物流业务。

---

① 《截至 2020 年 6 月底全国海关特殊监管区域情况》，http://zms.customs.gov.cn/zms/hgtsjgqy0/
hgtsjgqyndqk/3189456/index.html。

跨境电商试点城市与跨境电商综合试验区

　　跨境电商领域存在两类监管试点，即跨境电商试点城市和跨境电商综合试验区。有些利好政策，明确只能在上述试点内开展。实践中，很多人分不清两者的关系，也有人直接将两者混同。实际上，跨境电商试点城市和跨境电商综合试验区从其产生之日起就肩负着不同的使命，被赋予的功能也不尽相同。

一、跨境电商试点城市

　　起源：2012 年 2 月 6 日，国家发展改革委、海关总署等八部委局办公厅下发的《关于促进电子商务健康快速发展有关工作的通知》（发改办高技〔2012〕226 号）指出，研究跨境贸易电子商务便利化措施，提高通关管理和服务水平。要求海关总署牵头在相关示范城市组织开展试点。

　　2013 年 8 月 21 日，国务院办公厅转发了商务部等九部委《关于实施支持跨境电子商务零售出口有关政策的意见》，自 2013 年 10 月 1 日起在已经开展电子商务通关服务试点的上海、重庆、杭州、宁波、郑州等 5 个城市展开新政策试点。

　　2013 年 9 月，广州获批成为第六个跨境电商进口服务试点城市。

　　2014 年 7 月，深圳获批成为第七个跨境电商进口服务试点城市。

　　2015 年 10 月 14 日，天津成为第八个跨境电商服务试点城市。

　　2016 年 1 月，福州、平潭正式列入跨境电商保税进口试点城市。

　　2018 年 1 月 1 日起，跨境电商试点城市新增合肥、成都、大连、青岛和苏州 5 个城市。

二、跨境电商综合试验区

　　内涵：是跨境电子商务综合性质的先行先试的城市区域，旨在跨境电子商务交易、支付、物流、通关、退税、结汇等环节的技术标准、业务流程、监管模式和信息化建设等方面先行先试，通过制度创新、管理创新、服务创新和协同发展,破解跨境电子商务发展中的深层次矛盾和体制性难题,打造跨境电子商务完整的产业链和生态链,逐步形成一套适应和引领全球跨境电子商务发展的管理制度和规则,为推动中国跨境电子商务健康发展提供可复制、可推广的经验。

2015 年 3 月 7 日,国务院同意设立中国(杭州)跨境电子商务综合试验区。

2016 年 1 月 12 日,国务院常务会议决定,在天津、上海、重庆、合肥、郑州、广州、成都、大连、宁波、青岛、深圳、苏州等 12 个城市设第二批跨境电子商务综合试验区。

2018 年 7 月 24 日,国务院同意在北京市、呼和浩特市、沈阳市、长春市、哈尔滨市、南京市、南昌市、武汉市、长沙市、南宁市、海口市、贵阳市、昆明市、西安市、兰州市、厦门市、唐山市、无锡市、威海市、珠海市、东莞市、义乌市等 22 个城市设立跨境电子商务综合试验区。

2019 年 12 月 15 日,国务院同意在石家庄市、太原市、赤峰市、抚顺市、珲春市、绥芬河市、徐州市、南通市、温州市、绍兴市、芜湖市、福州市、泉州市、赣州市、济南市、烟台市、洛阳市、黄石市、岳阳市、汕头市、佛山市、泸州市、海东市、银川市等 24 个城市设立跨境电子商务综合试验区。

2020 年 4 月 7 日,国务院同意在已设立的 59 个跨境电商综合试验区基础上,在雄安新区、大同市、满洲里市、营口市、盘锦市、吉林市、黑河市、常州市、连云港市、淮安市、盐城市、宿迁市、湖州市、嘉兴市、衢州市、台州市、丽水市、安庆市、漳州市、莆田市、龙岩市、九江市、东营市、潍坊市、临沂市、南阳市、宜昌市、湘潭市、郴州市、梅州市、惠州市、中山市、江门市、湛江市、茂名市、肇庆市、崇左市、三亚市、德阳市、绵阳市、遵义市、德宏傣族景颇族自治州、延安市、天水市、西宁市、乌鲁木齐市等 46 个城市设立 46 个跨境电子商务综合试验区。

到此,中国跨境电商综合试验区已增加至 105 个。

三、试点城市与综合试验区的区别

跨境电子商务综合试验区并不是原来跨境贸易电子商务服务试点城市的简单升级版,而是一个多点多模式的全面创新版,两者有着本质的区别,主要表现在三个方面:

（1）实施范围不同。

跨境贸易电子商务服务试点城市只限于该市的特殊监管区域；跨境电子商务综合试验区是立足本市、梯次推进、全面推开、共同发展。

（2）发展方向不同。

试点城市主要侧重于进口，零售交易，以 B2C 模式为主；综合试验区则是以出口为主，以 B2B 为主要模式，促进产业发展作为重点。实践中界限趋于模糊。

（3）规格要求不同。

试点城市由海关总署等有关部委批准并指导实施，属于部级试点，旨在促进进口便利化；综合试验区由省级人民政府向国务院正式上报请示，商务部等十二部委共同审核同意，国务院批准设立，属于国家级试点，旨在推进贸易便利化，通过"互联网＋外贸""互联网＋流通"，实现优进优出和外贸转型升级。

四、发展趋势

当然，随着跨境电商改革的深入，两者的功能也确实存在一些叠加趋势。比如，2018 年 11 月 21 日国务院常务会议决定，将跨境电商政策适用范围从之前的 15 个试点城市，扩大到北京、沈阳、南京、武汉、西安、厦门等 22 个新设跨境电商综合试验区的城市。商财发〔2018〕486 号及海关总署公告 2018 年第 194 号则直接规定，条款适用于包括跨境电商试点城市和跨境电商综合试验区城市（地区），非试点城市的直购进口业务，参照相关规定执行。在跨境零售进口方面，两类试点区域基本实现了政策优势全覆盖。

跨境电商相关的海关监管方式及代码

跨境电商通关实践中，最常听到的是"9610"和"1210"，这两组数字指的是什么？实际上就是两种海关监管方式的代码。

进出口货物海关监管方式是以国际贸易中进出口货物的交易方式为基础，结合海关对进出口货物的征税、统计及监管条件综合设定的海关对进出口货物的管理方式。监管方式是对"货物"的管理方式，针对"个人物品"是没有监管方式的，也就不存在监管方式代码。

代码不同表示海关对不同监管方式下进出口货物的监管、征税、统计作业的要求不相同。

海关通关管理系统的监管方式代码采用四位数字结构。其中前二位是按海关监管要求和计算机管理需要划分的分类代码，后二位为海关统计代码。如："96"代表"跨境"，"12"代表"保税"，"10"代表"一般贸易"。

本文我们对常见的跨境电商海关监管方式及代码进行介绍。

实践中，一般贸易监管方式（代码0110），也是跨境电商出口常用的监管方式和代码，但不是专用于跨境电商，与跨境电商联系不密切，我们不做专门介绍。

一、9610，俗称"跨境直购"

海关总署公告2014年第12号公布，2014年2月10起实施。

海关监管方式代码"9610"，全称"跨境贸易电子商务"，简称"电子商务"，俗称"跨境直购"，适用于境内个人或电子商务企业通过电子商务交易平台实现交易，并采用"清单核放、汇总申报"模式办理通关手续的电子商务零售进出口商品，通过海关特殊监管区域或保税监管场所一线的电子商务零售进出口商品除外。

以"9610"海关监管方式开展电子商务零售进出口业务的电子商务企业、监管场所经营企业、支付企业和物流企业应当按照规定向海关备案，并有义务向海关传送交易、支付、仓储和物流等数据。

二、1210，简称"保税电商"

海关总署公告 2014 年第 57 号公布，2014 年 8 月 1 日起实施。

海关监管方式代码"1210"，全称"保税跨境贸易电子商务"，简称"保税电商"。适用于境内个人或电子商务企业在经海关认可的电子商务平台实现跨境交易，并通过海关特殊监管区域或保税监管场所进出的电子商务零售进出境商品。海关特殊监管区域、保税监管场所与境内区外（场所外）之间通过电子商务平台交易的零售进出口商品不适用该监管方式。

"1210"监管方式用于进口时仅限经批准开展跨境贸易电子商务进口试点的海关特殊监管区域和保税物流中心（B 型）。

以"1210"监管方式开展跨境贸易电子商务零售进出口业务的电子商务企业、海关特殊监管区域或保税监管场所内跨境贸易电子商务经营企业、支付企业和物流企业应当按照规定向海关备案，并通过电子商务平台实时传送交易、支付、仓储和物流等数据。

三、1239，适用于非试点城市保税电商

海关总署公告 2016 年第 75 号公布，2016 年 12 月 1 日起实施。

海关监管方式代码"1239"，全称"保税跨境贸易电子商务 A"，简称"保税电商 A"。适用于境内电子商务企业通过海关特殊监管区域或保税物流中心（B 型）一线进境的跨境电子商务零售进口商品。

跨境电商试点城市开展跨境电子商务零售进口业务暂不适用"1239"监管方式。

根据海关总署公告 2018 年第 194 号，对跨境电子商务直购进口商品及适用"网购保税进口"（监管方式代码 1210）进口政策的商品，按照个人自用进境物品监管，不执行有关商品首次进口许可批件、注册或备案要求。适用"网购保税进口 A"（监管方式代码 1239）进口政策的商品，按《跨境电子商务零售进口商品清单（2018 版）》尾注中的监管要求执行，即需要执行有关商品首次进口许可批件、注册或备案需求。

四、1039（市场采购）

2014 年 7 月 1 日海关总署公告 2014 年第 54 号公布实施。当时仅浙江省义乌市存在市场采购贸易，后逐步扩大到多个城市的专业市场。

市场采购贸易方式是指由符合条件的经营者在经国家商务主管部门认定的市场集聚区内采购的、单票报关单商品货值 15 万（含 15 万）美元以下，并在采购地办理出口商品通关手续的贸易方式。

海关监管方式代码"1039"，全称"市场采购"，仅限于市场集聚区内采购的出口商品。

五、0139（旅游购物商品），已废止，被"市场采购"取代

海关总署公告 2001 年第 8 号增列了监管方式代码"0139"，2001 年 8 月 1 日起实施。

海关监管方式代码"0139"，简称"旅游购物商品"，适用于旅游者 5 万美元以下的出口小批量订货。

海关总署公告 2017 年第 34 号废止了海关监管方式代码"0139"。

六、9710、9810（跨境电商 B2B 直接出口、跨境电商出口海外仓）

2020 年 6 月 12 日，海关总署公告 2020 年第 75 号增列 9710 和 9810 两个海关监管方式代码，从 2020 年 7 月 1 日起实施。

海关监管方式代码"9710"全称"跨境电子商务企业对企业直接出口"，简称"跨境电商 B2B 直接出口"，适用于跨境电商 B2B 直接出口的货物，是指境内企业通过跨境电商平台与境外企业达成交易后，通过跨境物流货物直接出口送达境外企业。海关监管方式代码"9810"全称"跨境电子商务出口海外仓"，适用于跨境电商出口海外仓的货物，是指境内企业将出口货物通过跨境物流送达海外仓，通过跨境电商平台实现交易后从海外仓送达购买者。

市场采购模式

对我国跨境电商来说，出口总量大于进口，目前出口的占比接近 80%。出口跨境电商也是在国际贸易形势日益严峻的情况下，我国扩大出口的一个亮点。但如何实现顺利出口，一直是令企业头疼的问题。

2001 年 8 月 1 日开始实施的海关监管方式 "0139"（旅游购物商品）适用于旅游者 5 万美元以下的出口小批量订货。2017 年 8 月 1 日海关总署废止了 "0139" 并由 "1039"（市场采购）取代。

2014 年 7 月 1 日，海关总署公告开放浙江省义乌市市场采购贸易。

2015 年 12 月 21 日，市场采购贸易试点范围扩大至江苏省海门叠石桥国际家纺城和浙江省海宁皮革城。

2016 年 11 月 16 日，市场采购贸易试点范围扩大至江苏常熟服装城、广州花都皮革皮具市场、山东临沂商城工程物资市场、武汉汉口北国际商品交易中心、河北白沟箱包市场。

2018 年 11 月 13 日，市场采购贸易试点范围扩大至温州（鹿城）轻工产品交易中心、泉州石狮服装城、湖南高桥大市场、佛山市亚洲国际家具材料交易中心、中山市利和灯博中心、成都国际商贸城等 6 家市场。

目前，1039 监管方式已经成为 "9610"（快件或邮包）之外的又一个跨境电商出口监管方式。

2019 年 12 月 27 日，海关总署公告 2019 年第 221 号，对市场采购贸易监管办法及监管方式进行了修订。根据公告：市场采购贸易方式，是指在经认定的市场集聚区采购商品，由符合条件的经营者办理出口通关手续的贸易方式。市场集聚区是指经国家商务主管等部门认定的各类从事专业经营的商品城、专业市场和专业街。

市场采购贸易方式单票报关单的货值最高限额为 15 万美元。以下出口商品不适用市场采购贸易方式：

（1）国家禁止或限制出口的商品；

（2）未经市场采购商品认定体系确认的商品；

（3）贸易管制主管部门确定的其他不适用市场采购贸易方式的商品。

从事市场采购贸易的对外贸易经营者，应当向市场集聚区所在地商务主管部门办理市场采购贸易经营者备案登记，并按照海关相关规定在海关办理进出口货物收发货人备案。

对外贸易经营者对其代理出口商品的真实性、合法性承担责任。经市场采购商品认定体系确认的商品信息应当通过市场综合管理系统与海关实现数据联网共享。对市场综合管理系统确认的商品，海关按照市场采购贸易方式实施监管。

每票报关单所对应的商品清单所列品种在5种以上的可以实行简化申报：货值最大的前5种商品，按货值从高到低在出口报关单上逐项申报；其余商品以《中华人民共和国进出口税则》中"章"为单位进行归并，每"章"按价值最大商品的税号作为归并后的税号，货值、数量等也相应归并。

对外贸易经营者应履行产品质量主体责任，对出口市场在生产、加工、存放过程等方面有监管或官方证书要求的农产品、食品、化妆品，应符合相关法律法规规定或双边协议要求。

快　件

　　快件，这里特指商业快件。实践中，快件很容易被误认为是邮件中的特快专递。

　　商业快件由于商业化运作，效率高，收费也高，同时采取清单式全面申报，相较于邮包的抽查式监管，企业及收件人的风险相对较低。特别是海关总署公告 2018 年第 19 号修改了快件类别后，明确个人物品可以通过快件通关，此后快件成为跨境电商进出的渠道之一。

　　通过快件渠道进出，一方面可以完成与海关系统对接、实现三单比对，从而满足 9610 监管模式的要求，另一方面也可以在未实现系统对接、三单比对时由快件运营人在承诺承担法律责任的情况下代为推送数据，也可以通过 9610 监管模式进境。如果上述条件都不能满足，则可以直接以个人物品方式申报。

　　快件渠道进出境中，进出境快件运营人是一个重要的主体。进出境快件运营人是指在中华人民共和国境内依法注册，在海关登记备案的从事进出境快件运营业务的国际货物运输代理企业。

　　进出境快件分为文件类（A 类快件）、个人物品类（B 类快件）和货物类（C 类快件）三类：

　　A 类快件是指无商业价值的文件、单证、票据和资料（依照法律、行政法规以及国家有关规定应当予以征税的除外）。A 类快件报关时，快件运营人应当向海关提交 A 类快件报关单、总运单（复印件）和海关需要的其他单证。

　　B 类快件是指境内收寄件人（自然人）收取或者交寄的个人自用物品（旅客分离运输行李物品除外）。B 类快件报关时，快件运营人应当向海关提交 B 类快件报关单、每一进出境快件的分运单、进境快件收件人或出境快件发件人身份证影印件和海关需要的其他单证。B 类快件的限量、限值、税收征管等事项应当符合海关总署关于邮递进出境个人物品相关规定。

　　C 类快件是指价值在 5000 元人民币（不包括运费、保险费、杂费等）及以下的货物（涉及许可证件管制的，需要办理出口退税、出口收汇或者进口付汇的除外）。C 类快件报关时，快件运营人应当向海关提交 C 类快件报关单、代理报关委托书或者委托报关协议、每一进出境快件的分运单、发票和海关需要的其他单证，并按照进出境货物规定缴纳税款。进出境 C 类快件的监管方式为"一般贸易"或者"货样广告品 A"，征免性质为"一般征税"，征减免税方式为"照章征税"。

通过快件渠道进出境的其他货物、物品，应当按照海关对进出境货物、物品的现行规定办理海关手续。

跨境电商通过快件系统进出可以按照 B 或 C 类来申报。对于申报为 B 类，即个人物品的，由于是清单式全面申报且按照个人物品申报，税率一般实际上要高于跨境电商综合税，一般来说风险不大。

跨境电商综合税

跨境电商综合税并不是一个税种，而是指针对符合特定的海关监管条件的跨境电商零售进口商品税款征收方式。

跨境电商综合税始于 2016 年 "4·8 新政"，由《财政部　海关总署　国家税务总局关于跨境电子商务零售进口税收政策的通知》（财关税〔2016〕18 号）首先予以明确，财关税〔2018〕49 号文对个人购买限值等问题进行了调整和补充。

跨境电商综合税的核心是跨境电子商务零售进口商品按照货物征收关税和进口环节增值税、消费税，购买跨境电子商务零售进口商品的个人作为纳税义务人，实际交易价格（包括货物零售价格、运费和保险费）作为完税价格，电子商务企业、电子商务交易平台企业或物流企业可作为代收代缴义务人。

跨境电商综合税适用条件：一是《跨境电子商务零售进口商品清单》范围内的商品；二是通过与海关联网的电子商务交易平台交易，能够实现交易、支付、物流电子信息 "三单" 比对；三是未通过与海关联网的电子商务交易平台交易，但进出境快件运营人、邮政企业能够接受相关电商企业、支付企业的委托，承诺承担相应法律责任，向海关传输交易、支付等电子信息。

跨境电子商务零售进口商品的单次交易限值为人民币 5000 元，个人年度交易限值为人民币 26000 元。在限值以内进口的跨境电子商务零售进口商品，关税税率暂设为 0；进口环节增值税、消费税取消免征税额，按法定应纳税额的 70% 征收。完税价格超过 5000 元单次交易限值但低于 26000 元年度交易限值，且订单下仅一件商品时，可以自跨境电商零售渠道进口，按照货物税率全额征收关税和进口环节增值税、消费税，交易额计入年度交易总额，但年度交易总额超过年度交易限值的，应按一般贸易管理。

计算规则如下：

税款 = 购买单价 × 件数 × 跨境电商综合税率

跨境电商综合税率 =〔（消费税率 + 增值税率）/（1- 消费税率）〕× 70%

跨境电子商务零售进口商品清单

跨境电商零售进口商品清单，俗称白名单制度，始于2016年"4·8新政"。"4·8新政"由于设立了专门的跨境电商综合税，相关部门也对纳入该征税方式的商品范围进行了限定。根据《财政部 海关总署 国家税务总局关于跨境电子商务零售进口税收政策的通知》（财关税〔2016〕18号）规定，跨境电子商务零售进口税收政策仅适用于《跨境电子商务零售进口商品清单》范围内的商品。

为了配合新政的实施，财政部、发展改革委、工业和信息化部、农业部、商务部、海关总署、国家税务总局、质检总局、食品药品监管总局、濒管办、密码局等11个部委局办以公告2016年第40号发布了第一批跨境电商零售进口清单，共计商品1142项。

此后，该清单不断调整和扩大，并在2018年底的跨境电商政策调整中得到认可和延续。目前，生效适用的是上述11个部委局办2019年第96号公告发布、2020年1月1日起实施的《跨境电子商务零售进口商品清单（2019年版）》，共计商品1413项。

根据跨境电商政策规定，研读进口商品清单，要注意：

（1）列入清单范围的商品可以适用海关特定监管模式（9610、1210、1239），并按照跨境电商综合税征收税款。相反，未纳入的不适用该税收政策。

（2）未纳入商品清单的仍然可以在跨境电商平台上销售，当然毒品、违禁品等国家禁止进出口（境）的除外。同时，只要符合相关特征，也应属于跨境电商范畴。只不过这些商品不能纳入特定的监管模式，不适用特定税款征收模式。

（3）对企业和个体工商户在国内市场销售的《跨境电子商务零售进口商品清单（2019年版）》范围内的、无合法进口证明或相关证明显示采购自跨境电商零售进口渠道的商品，市场监管部门有权实施查处。

（4）要特别关注清单附注中关于商品进口监管条件的规定。

（5）列入清单范围的商品不意味着通过跨境电商渠道完全自由进口，还存在诸如列入《进出口野生动植物种商品目录》的商品除外，依法不属于普通食品或依法需要注册备案管理的特殊食品除外，列入《两用物项和技术进出口许可证管理目录》的商品除外，特殊医学用途配方食品除外，按医疗器械注册管理的除外，密码产品和含有密码技术的设备除外，国家禁止、限制进口的旧机电产品除外，列入《农药进出口管理目录》及《中国严格限制的有毒化学品名录》的商品除外等诸多限制。同时有些商品仅限网购保税，有些商品每人每年进口存在一定的数量限制。

（6）根据政策要求，电商平台企业有义务对平台内在售商品进行有效管理，及时关闭平台内禁止以跨境电商零售进口形式入境商品的展示及交易页面。也就是说，平台企业必须对跨境电商商品清单清晰准确地掌握。

跨境电商综合税完税价格的确定

对跨境电子商务零售进口商品，海关按照国家关于跨境电子商务零售进口税收政策征收关税和进口环节增值税、消费税，完税价格为实际交易价格，包括商品零售价格、运费和保险费。

完税价格认定问题在跨境电商通关中并不突出，但跨境电商特有的运输、保险费等问题，也需要关注。

2016 年 7 月 6 日，《海关总署关税征管司 加贸司关于明确跨境电商进口商品完税价格有关问题的通知》（税管函〔2016〕73 号）对相关常见、疑难问题予以明确。

1. 关于优惠促销行为。

优惠促销行为是电商常见的营销方式，常见的促销形式就有几十种甚至过百种。促销后部分商品的零售交易价格可能明显低于成本甚至接近零元，完税价格的认定难度较大。对此，应遵循以下原则对优惠促销价格进行认定：

第一，按照实际交易价格原则，以订单价格为基础确定完税价格，订单价格原则上不能为零。

第二，对直接打折、满减等优惠促销价格的认定应遵守公平、公开原则，即优惠促销应是适用于所有消费者，而非仅针对特定对象或特定人群的，海关以订单价格为基础确定完税价格。

第三，在订单支付中使用电商代金券、优惠券、积分等虚拟货币形式支付的"优惠减免金额"，不应在完税价格中扣除，应以订单价格为基础确定完税价格。

2. 关于运保费。

针对运费、保险费，考虑到跨境电子商务零售进口商品的运费问题较为复杂，在直邮模式（跨境贸易电子商务，海关监管方式代码 9610）中，电商企业或快递企业向纳税义务人收取的运费通常是"门到门"费用，既包括"空港到空港"航空运费，还包括境外、境内陆路运输费用，甚至一些其他费用，但电商企业或快递企业通常无法提供详细数据准确拆分各段费用分别占"门到门"费用的比例。

在网购保税模式（保税跨境贸易电子商务，海关监管方式代码 1210）中，电商企业向物流企业支付的物流费用也同样存在全程运费的情况，既包括货物从境外到特殊监管区域及保税物流中心（B 型）的运输费用，还包括从特殊监管区域及保税物流中心（B 型）送交到消费者期间的运输费用，电商企业或物流企业同样难以提供详细数据。

此外，快递行业存在一些通行惯例。一是对不同客户实行不同的收费标准，即在统一收费标准基础上，按照客户使用快递服务的基数给予折扣，基数越大，折扣越低。二是快递行业与客户的费用结算通常是月结，并且是滞后的，即费用结算晚于运输行为发生。这也意味着电商企业在向消费者收取运费时尚不能准确确定实际运费金额（电商企业向快递企业支付的运费标准是基于其使用的快递服务基数）。因此，电商企业向纳税义务人收取的运费（名义运费）与相关商品实际发生的运费难以一一对应。

基于上述情况，在确定跨境电子商务零售进口商品的完税价格时，将运费〔网购保税模式指从特殊监管区域及保税物流中心（B 型）送交到消费者期间的运输费用〕都计入。保险费也按照同样的标准执行。

行邮税

　　跨境电商从出现的那一天起，就与行邮税发生着千丝万缕的联系。为何？问题缘起于关于跨境电商商品的属性到底是货物还是物品的争议。电商企业和消费者当然希望将其认定为个人物品：一是相较于货物税，税率低，且有免征点；二是行邮税的税档简洁，监管条件简便。

　　如此，行邮税的每次调整，都会引起跨境电商行业的震动。近年来，历次行邮税的调整与跨境电商监管政策调整几乎同步。

　　例如，2019 年 4 月 3 日，国务院常务会议决定下调进境物品行邮税税率，其中食品、药品等的行邮税税率由 15% 降至 13%；纺织品、电器等由 25% 降为 20%。消息一出，业界人士普遍认为本次降税的最大受益者是直邮模式的进口跨境电商。大家认为这是国家送给跨境电商的一个重大利好。

　　当然，行邮税税率下调和跨境电商是否真的有关系，是何种关系，还要认真思考。

　　我们先对行邮税做个简单说明。

　　（1）行邮税的标准全称是进境物品进口税，实践中主要发生在个人携带行李物品和邮递物品环节，故也通称行邮税。

　　（2）行邮税只针对进境物品征收，我国对出境物品不征收行邮税。

　　（3）行邮税是进境物品进口关税以及进口环节海关代征税的合并，也就是说进境物品进口环节只有这一个税种，再无其他。相比进口货物税要简单得多。

　　（4）进境物品进口税的征收对象是个人自用物品。这里就存在货物和物品的界定问题。物品区分于货物的特点就是：合理自用、非贸易性质。

　　（5）对进境物品是否征收进口税的标准：海关总署规定数额以内的个人自用进境物品，免征进口税。超过海关总署规定数额但仍在合理数量以内的个人自用进境物品，征收物品进口税。超过合理数量、自用的进境物品应当按照进口货物依法办理相关手续。关于免征数额、按货物办理的税额，海关总署有具体规定；

关于行李、物品的认定，不同的渠道也有所不同。实践中存在执法标准的差异。

（6）进境物品的纳税义务人是携带物品进境的入境人员、进境邮递物品的收件人以及以其他方式进口物品的收件人。这里强调的是纳税义务人并不是所有权人，而是携带人员、收件人。

（7）物品进口税从价计征，计算公式为：进口税税额 = 完税价格 × 进口税税率。可见，确定物品进口税税额的两个关键因素：一是归类，涉及税率适用；二是完税价格的确认。

行邮税的调整

行邮税一直是一个单独的税种。跨境电商出现以前，国家对其调整不大。一般是根据社会发展情况对完税价格表进行调整，偶尔对归类做个别调整。

跨境电商出现后，行邮税的调整频次加快，范围加大。且每次调整与跨境电商政策调整基本同步。

2016 年"4·8 新政"之前，我国的行邮税维持了多年 10%、20%、30%、50% 的四档格局。而新政之前的跨境电商商品恰恰是征收个人物品行邮税。2016 年 4 月 8 日，与"4·8 新政"同步，行邮税调整为三档，税率大幅提升，分别是 15%、30%、60%。对此举，业界的解读是由于跨境电商综合税的推出，提高行邮税税率是为了平衡与一般贸易征税、跨境电商综合税的税负。同时，行邮税普遍高于跨境电商综合税，也有利于引导跨境电商纳入海关规范的模式。

2016 年 10 月 1 日，微调，《中华人民共和国进境物品进口税率表》中税目 3 中"化妆品"的名称调整为"高档化妆品"，征税商品范围与征收消费税的高档化妆品商品范围一致。

2018 年 11 月 1 日起，将药品列入进境物品进口税税目 1，适用 15% 的税率。其中对按国家规定减按 3% 征收进口环节增值税的进口抗癌药品，按货物税税率征税。将进境物品进口税税目 2、税目 3 的税率分别调整为 25%、50%。对此举，业界的解读是与增值税下降带来的跨境电商综合税下降有关。

2019 年 4 月 9 日起，进境物品进口税税目 1、税目 2 的税率分别调降为 13%、20%。对此举，业界的解读是与增值税再次下降带来的跨境电商综合税相应下降有关。

个人物品的归类及完税价格确定

现行的个人物品归类和完税价格确定是由海关总署公告 2012 年第 15 号确定的，多年来沿用未变。

进境物品的归类依次遵循以下原则：

（1）《归类表》已列明的物品，归入其列名类别；

（2）《归类表》未列明的物品，按其主要功能（或用途）归入相应类别；

（3）不能按照上述原则归入相应类别的物品，归入"其他物品"类别。

确定进境物品完税价格遵循以下原则：

（1）《完税价格表》已列明完税价格的物品，按照《完税价格表》确定；

（2）《完税价格表》未列明完税价格的物品，按照相同物品相同来源地最近时间的主要市场零售价格确定其完税价格；

（3）实际购买价格是《完税价格表》列明完税价格的 2 倍及以上，或是《完税价格表》列明完税价格的二分之一及以下的物品，进境物品所有人应向海关提供销售方依法开具的真实交易的购物发票或收据，并承担相关责任。海关可以根据物品所有人提供的上述相关凭证，依法确定应税物品完税价格。

个人物品进境的数量限制

通过海关监管系统进出境的跨境电商商品有数量限制，财关税〔2016〕18 号文、海关总署公告 2018 年第 194 号等相关文件已经明确。我们在此讨论的是通过海关跨境电商系统之外的方式进境的个人物品的数量限制。

个人物品进境渠道主要有两类。一类是个人携带，即消费者境外购买，个人携带进境。根据海关总署公告 2010 年第 54 号，进境居民旅客携带在境外获取的个人自用进境物品，总值在 5000 元人民币以内（含 5000 元）的；非居民旅客携带拟留在中国境内的个人自用进境物品，总值在 2000 元人民币以内（含 2000 元）的，海关予以免税放行，单一品种限自用、合理数量，但烟草制品、酒精制品以及国家规定应当征税的 20 种商品等另按有关规定办理。进境居民旅客携带超出 5000 元人民币的个人自用进境物品，经海关审核确属自用的；进境非居民旅客携带拟留在中国境内的个人自用进境物品，超出人民币 2000 元的，海关仅对超出部分的个人自用进境物品征税，对不可分割的单件物品，全额征税。有关短期内多次来往旅客行李物品征免税规定、验放标准等事项另行规定。

另一类是邮递。常见的是消费者购买，商家通过邮递进境。这种方式下，限额与个人携带不同。根据海关总署公告 2010 年第 43 号，个人邮寄进境物品，海关依法征收进口税，但应征进口税税额在人民币 50 元（含 50 元）以下的，海关予以免征。除了征税方面，还对邮寄物品的价值实施限制。个人寄自或寄往港、澳、台地区的物品，每次限值为 800 元人民币；寄自或寄往其他国家和地区的物品，每次限值为 1000 元人民币。个人邮寄进出境物品超出规定限值的，应办理退运手续或者按照货物规定办理通关手续。但邮包内仅有一件物品且不可分割的，虽超出规定限值，经海关审核确属个人自用的，可以按照个人物品规定办理通关手续。进出口的商业性邮件，应按照货物规定办理通关手续。实践中，跨境电商平台销售的商品，到底是属于商业邮件还是个人邮件存在巨大争议，但从未有权威部门发出正式声明。

跨境电商企业的登记

参与跨境电商的相关企业需在海关办理登记手续。跨境电商企业在海关的登记分为注册登记和信息登记两类。

一、注册登记

需登记的企业：参与跨境电子商务零售进口业务的跨境电子商务平台企业、境外跨境电子商务企业、物流企业、支付企业，以及参与跨境电子商务零售出口业务且需要办理报关业务的跨境电子商务企业、物流企业等企业。

办理注册登记的海关：跨境电子商务平台企业、跨境电子商务企业、物流企业、支付企业向所在地海关办理注册登记，境外跨境电子商务企业向境内代理人所在地海关办理注册登记。

程序依据：海关报关单位注册登记管理相关规定。

申请主体：跨境电子商务平台企业、跨境电子商务企业、物流企业、支付企业自行申请，境外跨境电子商务企业委托境内代理人申请。

二、信息登记

需登记的企业：参与跨境电子商务零售出口业务的跨境电子商务企业、物流企业等企业。

办理信息登记的海关：上述企业所在地海关。

不同于注册登记，对信息登记没有相关的程序规定。对于信息登记具体内容应该包括哪些，其性质何属，并不明确，实践中存在差别。

此两类登记由行政管理部门的文件直接设立，没有相关的法律法规依据。实践中，是否在法律范畴之外另行设定了实质性许可，尚不明晰。

跨境电商服务企业的资质要求

跨境电商服务企业主要是指物流企业和支付企业，2018 年的跨境电商新政调整给予了明确。

1. 物流企业：基本要求是应获得国家邮政管理部门颁发的《快递业务经营许可证》。不论是直购模式还是保税模式均需满足该要求。

直购进口模式下，物流企业应为邮政企业或者已向海关办理代理报关登记手续的进出境快件运营人。直购模式下只有邮政企业或特定的快件运营人才可办理登记注册。

2. 支付企业：若为银行机构的，应具备银保监会或者原银监会颁发的《金融许可证》；若支付企业为非银行支付机构的，应具备中国人民银行颁发的《支付业务许可证》，支付业务范围应当包括"互联网支付"。

对"按照个人物品监管"政策的理解及其适用

在跨境电商政策的历次调整中,"按个人物品监管"这一提法一直牵动人心。

对于跨境电子商务平台零售商品的性质到底属于货物还是个人物品,从理论到实践都存在巨大争议,在案件处理中也由此引发了一些分歧。

海关总署公告 2014 年第 56 号实际是将通过经海关认可并且与海关联网的电子商务交易平台实现跨境交易进出境商品分成了货物和物品两类:电子商务企业申报的,提交《中华人民共和国海关跨境贸易电子商务进出境货物申报清单》,办理电子商务进出境货物报关手续;个人申报的,提交《中华人民共和国海关跨境贸易电子商务进出境物品申报清单》,办理电子商务进出境物品报关手续。

海关总署公告 2016 年第 26 号(《海关总署关于跨境电子商务零售进出口商品有关监管事宜的公告》)对此问题做了模糊化的处理,不再区分个人申报和企业申报,而是统一由电子商务企业或其代理人提交《中华人民共和国海关跨境电子商务零售进出口商品申报清单》,办理报关手续。同时在税款征收时明确,跨境电子商务零售进口商品按照货物征收关税和进口环节增值税、消费税,完税价格为实际交易价格,包括商品零售价格、运费和保险费。从这一点上看,似乎又将跨境电商进口商品归入了货物类,但纳税义务人是消费者个人,矛盾重重。

2016 年"4·8 新政"后,商务部、国务院先后三次明确跨境电商按个人物品监管,表述基本一致。我们看原文:"从明年 1 月 1 日起,延续实施跨境电商零售进口现行监管政策,对跨境电商零售进口商品不执行首次进口许可批件、注册或备案要求,而按个人自用进境物品监管。"仔细研读,这里的"按个人自用进境物品监管"应该是专指不执行首次进口许可批件、注册或备案要求,不涉及对跨境电商商品的定性问题。

再来看,海关总署公告 2018 年第 194 号表述:"对跨境电子商务直购进口商品及适用'网购保税进口'(监管方式代码 1210)进口政策的商品,按照个人自用进境物品监管，不执行有关商品首次进口许可批件、注册或备案要求。但对相关部门明令暂停进口的疫区商品和对出现重大质量安全风险的商品启动风险应急处置时除外。适用'网购保税进口A'（监管方式代码1239）进口政策的商品，按《跨境电子商务零售进口商品清单（2018版）》尾注中的监管要求执行。"

我们认为需要明确两个问题：第一，只有符合条件的，也就是说通过海关指定系统进出的跨境电商商品，且适用9610、1210监管方式的，才按照个人物品监管；而没有通过海关系统，或者通过海关系统但适用1239监管方式的，并未表述为按个人物品监管。第二，按个人物品监管，并不是说将跨境电商零售进口商品定性为个人物品，而仅指"不执行首次进口许可批件、注册或备案要求"。

也就是说按个人物品监管并不是将跨境电商商品定性为个人自用物品，而是将其明确为货物，只不过是在一些监管要求上将其作为个人自用物品来对待。

跨境电商零售出口"免征不退"政策和所得税核定征收政策

2018 年 9 月 28 日，《财政部　税务总局　商务部　海关总署关于跨境电子商务综合试验区零售出口货物税收政策的通知》（财税〔2018〕103 号）发布，自 2018 年 10 月 1 日起执行。

业内认为，该政策的实施或将解决跨境零售出口电商企业的"进项发票难题"，跨境出口电商或迎来"阳光时代"。

在 9610 监管方式下企业面临的问题是，在一般贸易中，企业是先缴纳增值税然后再实现退税的。但对于跨境零售出口模式，很多企业都没有进项增值税发票。这就造成在 9610 方式下，尽管企业无法退税，但仍需要先缴纳增值税。或者说税务部门有权要求零售出口商户补缴增值税。

为解决这一问题，财税〔2018〕103 号文规定，对综合试验区电子商务出口企业出口未取得有效进货凭证的货物，同时符合下列条件的，试行增值税、消费税免税政策：（1）电子商务出口企业在综合试验区注册，并在注册地跨境电子商务线上综合服务平台登记出口日期、货物名称、计量单位、数量、单价、金额。（2）出口货物通过综合试验区所在地海关办理电子商务出口申报手续。（3）出口货物不属于财政部和税务总局根据国务院决定明确取消出口退（免）税的货物。

"免增值税、消费税"相当于对零售出口企业采取"免征不退"的模式，即不征收增值税、消费税，也不退税。这意味着零售出口企业不必担心被反征补缴增值税。

目前，免征不退政策仅限于在跨境电商综合试验区内实行。

同理，由于跨境电商出口企业没有符合要求的进项税票，其企业所得税如何征收也一直是难题。2019 年 10 月 26 日国家税务总局发布《国家税务总局关于跨境电子商务综合试验区零售出口企业所得税核定征收有关问题的公告》（国家税务总局公告 2019 年第 36 号），规定综合试验区内符合条件的企业采用应税所得率方式核定征收企业所得税。应税所得率统一为 4%。

这一政策，对解决无票企业所得税问题是一重大突破。但这一政策的合理性值得质疑，客观上也纵容了无票交易行为。

三单信息传输

在跨境电商海关监管过程中，实现系统对接、三单比对是前提要求，即电子商务企业等相关主体必须能向海关提供订单、支付凭证和运输单证。不同情况下，负有向海关传输数据义务的主体可能不同。

一、进口中的一般情况

跨境电子商务零售进口商品申报前，跨境电子商务平台企业或跨境电子商务企业境内代理人、支付企业、物流企业应当分别通过国际贸易"单一窗口"或跨境电子商务通关服务平台向海关传输交易、支付、物流等电子信息，并对数据真实性承担相应责任。

二、进口中的特殊情况

直购进口模式下，邮政企业、进出境快件运营人可以接受跨境电子商务平台企业或跨境电子商务企业境内代理人、支付企业的委托，在承诺承担相应法律责任的前提下，向海关传输交易、支付等电子信息。

该情况改变了向海关传输信息的主体，即交易、支付信息的传输也由运输企业来承担，此处的运输企业限定为邮政企业和进出境快件运营人。同时，代为传输信息也仅限于直购模式下，且要符合一定的条件，就是邮政企业、快件运营人要承诺承担相应法律责任。

三、出口

跨境电子商务零售出口商品申报前，跨境电子商务企业或其代理人、物流企业应当分别通过国际贸易"单一窗口"或跨境电子商务通关服务平台向海关传输交易、收款、物流等电子信息，并对数据真实性承担相应法律责任。

根据海关总署公告 2018 年第 165 号，参与跨境电子商务零售进口业务的跨境电商平台企业应当向海关开放与支付相关的原始数据，供海关验核。开放的数据包括订单号、商品名称、交易金额、币制、收款人相关信息、商品展示链接地址、支付交易流水号、验核机构、交易成功时间以及海关认为必要的其他数据。

在此，值得重点讨论的是，相关企业如果没有按照海关的要求传输数据，或者传输的数据不真实，需要承担何种法律责任。我们认为，海关能做的就是责令企业改正，并根据《中华人民共和国海关行政处罚实施条例》第二十二条，以未按照规定期限向海关传输电子数据，或者传输的电子数据不准确，作出警告，并处 5 万元以下罚款，有违法所得的，没收违法所得。当然，对于企业因传输数据不当导致其他违法犯罪行为的，也应追究相应的违法责任。

跨境电商商品的检验检疫

近年来，国家关于跨境电商监管政策的一个反复就是货物、物品性质认定问题。2016 年 "4·8 新政" 之前按照物品监管，新政规定按照货物监管后社会反响强烈，在全行业引发震动，国务院相关部门一再发文明确暂时按个人物品监管，并一直延续到 2018 年。2018 年底，政策调整明确为按个人物品监管。

为何纠结于货物、物品，企业又为何如此敏感。背后的原因除了税款征收的差异，更重要的就是监管条件的不同，更直接地体现为检验检疫的要求不同。作为货物，一些特定的商品进口需要提前备案，进口时还要实施商品检验。作为物品则要求降低很多，既无需备案，又无需检验。[①] 但对检疫的要求是相同的，都必须接受检疫。也就是说，跨境电商监管政策做了一个折中处理。

（1）对跨境电商清单内的商品，通过直购进口和适用 "网购保税进口"（监管方式代码 1210）进口的，不执行有关商品首次进口许可批件、注册或备案要求。直购进口的，海关不实行进口检验。海关与检验检疫机构合并前，海关通关不需要企业提供通关单。

（2）在保税电商 1210 方式下，在境外进入保税区域时要实施检验，在出区环节按照个人物品不实施检验。

（3）对相关部门明令暂停进口的疫区商品和对出现重大质量安全风险的商品启动风险应急处置时除外。也就是特殊情况可以检验。

（4）适用 "网购保税进口 A"（监管方式代码 1239）进口政策的商品，按《跨境电子商务零售进口商品清单（2018 版）》尾注中的监管要求执行，需要实施首次备案和商品检验。

（5）对跨境电子商务零售进出口商品及其装载容器、包装物，海关按照相关

---

① 《中华人民共和国进出口商品检验法实施条例》第六条："进出境的样品、礼品、暂时进出境的货物以及其他非贸易性物品，免予检验。但是，法律、行政法规另有规定的除外。"也就是说，跨境电商商品按个人物品进行监管可免于检验。

法律法规实施检疫，并根据相关规定实施必要的监管措施。即：于检疫而言，跨境电商没有例外或特殊情况。

（6）对于未通过海关监管系统进出的跨境电子商务商品，如何处理检验检疫，尚无规定。实践中应该根据具体情况处置，如：通过个人邮件方式进出境的，一般都不需检验，但要实施检疫。

跨境电商个人消费额度被冒用问题

2016 年 4 月 8 日开始实施的跨境电商 "4·8 新政" 创造性地设立了 "跨境电商税"，同时也创造性地设立了跨境电商的额度管理。"跨境电子商务零售进口商品的单次交易限值为人民币 2000 元，个人年度交易限值为人民币 20000 元。在限值以内进口的跨境电子商务零售进口商品，关税税率暂设为 0；进口环节增值税、消费税取消免征税额，暂按法定应纳税额的 70% 征收。超过单次限值、累加后超过个人年度限值的单次交易，以及完税价格超过 2000 元限值的单个不可分割商品，均按照一般贸易方式全额征税。"

2018 年底的跨境电商政策调整的一个主要内容就是调高了个人购买限值，同时明确，今后随居民收入提高相机调增。

额度管理的背后是税收的差异。超出单次或年度额度，不是不能进口，而是按照一般贸易全额征税。一般来说一般贸易综合税率（23% 左右）要比目前的 "跨境电商税"（9.1% 左右）高一倍以上，税差明显。

明显的税差诱惑着个别人铤而走险。2016 年 "4·8 新政" 以来，盗用个人身份信息，将一般贸易货物拆分成个人跨境电商订购商品伪报贸易方式偷逃税款进行走私的行为就一直存在。

2018 年 4 月 20 日，中级人民法院宣判了志某公司、冯某某等走私普通货物、物品罪一案。该案发生在 2015 年 9 月至 11 月，虽然跨境电商 "4·8 新政" 尚未实施，但在海关总署公告 2014 年第 56 号的背景下，跨境电商进出申报也须提供消费者个人信息，否则无法选择跨境电商系统通关并享受和适用较低的个人物品税税率。该案中，志某公司及相关被告人将一般贸易货物进行拆分，伪造订单、运输单证和支付单证，批量将非法获取的个人信息导入上述的虚假个人订单。法院最终认定，被告单位志某公司等均已构成走私普通货物罪。

这两年来，不断发生个人信息被盗用、冒用于跨境电商个人身份注册购物，个人跨境电商额度不翼而飞等事件，但随着 "跨境电子商务年度个人额度查询"

系统被广泛认知和使用，购买或盗用他人身份信息用于跨境电商通关的违法行为随时会被揭露，一旦被海关等执法部门查发，极有可能构成走私犯罪、侵犯公民个人信息犯罪、非法侵入计算机系统罪等。

消费者的身份验证

跨境电商由于具备网络消费的性质，对作为交易一方的消费者的身份核实是一个关键性问题。消费者的身份确认直接决定了能否"按个人物品监管"的跨境电商商品性质的认定，也对应着消费者的单次和年度限值。加之近年来居民身份证被盗用、冒用于跨境电商从事走私违法的事件频频发生，监管部门在文件规定上和执法实践中都不断加大力度，其目的是要求核实消费者真实身份。

根据海关总署公告 2018 年第 194 号，开展跨境电子商务零售进口业务的跨境电子商务平台企业、跨境电子商务企业境内代理人应对交易真实性和消费者（订购人）身份信息真实性进行审核，并承担相应责任；身份信息未经国家主管部门或其授权的机构认证的，订购人与支付人应当为同一人。核实消费者身份信息的责任则由平台企业和跨境电商企业的境内代理企业承担。

对违反规定，未尽责审核消费者（订购人）身份信息真实性等，导致出现个人身份信息或年度购买额度被盗用、进行二次销售及其他违反海关监管规定情况的，海关将对违法企业依法进行处罚。对涉嫌走私或违规的，由海关依法处理；构成犯罪的，依法追究刑事责任。对利用其他公民身份信息非法从事跨境电子商务零售进口业务的，海关按走私违规处理，并按违法利用公民信息的有关法律规定移交相关部门处理。对不涉嫌走私违规、首次发现的，进行约谈或暂停业务责令整改；再次发现的，一定时期内不允许其从事跨境电子商务零售进口业务，并交由其他行业主管部门按规定实施查处。

不得再次销售

2018 年跨境电商新政中出现的一个新规定就是"不得再次销售"，财关税〔2018〕49 号、商财发〔2018〕486 号、海关总署公告 2018 年第 194 号都有相同的表述。当然，在此之前的海关总署公告 2014 年第 56 号、海关总署公告 2016 年第 26 号虽然没有明确表述，但基于跨境电商商品的性质，也是禁止再次销售的。

除了规定已经购买的属于消费者个人最终使用的电商进口商品，不得进入国内市场再次销售，对防止和惩处再次销售也作了规定。对于防止再次销售，各个主体都有责任和义务。

跨境电商企业在履行对消费者的提醒告知义务时，须会同跨境电商平台在商品订购网页或其他醒目位置向消费者提供风险告知书，消费者确认同意后方可下单购买。告知书应包含消费者购买的商品仅限个人自用，不得再次销售的内容。

跨境电商平台要建立防止跨境电商零售进口商品虚假交易及二次销售的风险控制体系，加强对短时间内同一购买人、同一支付账户、同一收货地址、同一收件电话反复大量订购，以及盗用他人身份进行订购等非正常交易行为的监控，采取相应措施予以控制。

境内服务商发现国内实际派送与通关环节所申报物流信息（包括收件人和地址）不一致的，应终止相关派送业务，并及时向海关报告。

消费者对于已购买的跨境电商零售进口商品，不得再次销售。

海关对违反规定参与制造或传输虚假"三单"信息、为二次销售提供便利、未尽责审核订购人身份信息真实性等，导致出现个人身份信息或年度购买额度被盗用、进行二次销售的企业依法进行处罚。对涉嫌走私或违规的，由海关依法处理；构成犯罪的，依法追究刑事责任。对利用其他公民身份信息非法从事跨境电商零售进口业务的，海关按走私违规处理，并按违法利用公民信息的有关法律规定移交相关部门处理。对不涉嫌走私违规、首次发现的，进行约谈或暂停业务责令整改；再次发现的，一定时期内不允许其从事跨境电商零售进口业务，并交由其他行业主管部门按规定实施查处。

我们认为再次销售的问题发生在两个层面：一是企业利用个人身份信息，伪报贸易方式，以跨境电商方式进口后再次销售的，属于故意违法，要绝对禁止。二是对于消费者个人，实际进口后再次销售的。如果是在订购时就有计划再次销售，那么就违背了合理自用的非贸易性原则，跟企业再次销售性质一致，也需绝对禁止。但如果属于消费者订购进口后发现商品不符合自己使用，或者改变了想法不愿意自己使用，事后偶发性地销售的，应属于法律可以容忍的情况，不在禁止范围。

跨境电商的参与主体

跨境电商参与主体主要包括：跨境电子商务企业、电子商务企业代理人、跨境电商第三方平台经营者、境内服务商、消费者。进口跨境电商与出口跨境电商存在差异，我们描述时侧重进口，捎带出口。

一、跨境电子商务企业

是指自境外向境内消费者销售跨境电子商务零售进口商品的境外注册企业（不包括在海关特殊监管区域或保税物流中心内注册的企业），或者境内向境外消费者销售跨境电子商务零售出口商品的企业，为商品的货权所有人。

商财发〔2018〕486号和海关总署公告2018年第194号都要求跨境电商零售进口经营者必须是境外注册企业。

二、电子商务企业的代理人

电子商务的代理人包含两种类型的企业：一种是特定的代理人，即进境跨境电子商务场景下境外电子商务企业的境内代理人，该代理人是受电子商务企业委托以其名义办理海关注册、通关手续的企业，同时需承担民事上的连带责任。这是一类非常特殊的主体，也是2018年跨境电商新政设置的AB架构中的一个重要角色。另外一种代理人是宽泛意义上的接受电子商务企业委托处理相关事务的企业，如出口过程中的跨境电子商务企业的代理人。在这一场景下，代理人承担的是普通意义上的责任和义务，并不必然存在前述的民事上的连带责任。

三、跨境电商第三方平台经营者（简称"跨境电商平台"）

在境内办理工商登记，为交易双方（消费者和跨境电商企业）提供网页空间、虚拟经营场所、交易规则、交易撮合、信息发布等服务，设立供交易双方独立开展交易活动的信息网络系统的经营者。

　　这里强调的在境内办理工商登记，可以理解为中国的法人企业，也就是说排除了在国外注册的企业及其交易平台。

　　如何理解实践中大量存在中国消费者在国外平台上的购买行为？是跨境电商吗？这些行为当然是跨境电子商务行为。只是这些行为未纳入海关规范的跨境电商系统，而以其他渠道或途径进出。至于其他途径为何，目前没有明确的规范和指引。

四、境内服务商

　　是指在境内办理工商登记，接受跨境电商企业委托为其提供申报、支付、物流、仓储等服务，具有相应运营资质，直接向海关提供有关支付、物流和仓储信息，接受海关、市场监管等部门后续监管，承担相应责任的主体。包括：

　　"支付企业"。是指在境内办理工商登记，接受跨境电子商务平台企业或跨境电子商务企业境内代理人委托为其提供跨境电子商务零售进口支付服务的银行、非银行支付机构以及银联等。

　　"物流企业"。是指在境内办理工商登记，接受跨境电子商务平台企业、跨境电子商务企业或其代理人委托为其提供跨境电子商务零售进出口物流服务的企业。进出境快件运营人、邮政企业，是运输企业的一种，其特殊之处在于可以受电子商务企业、支付企业的委托，在书面承诺对传输数据真实性承担法律责任的前提下，向海关传输交易、支付等电子信息。

　　"报关企业"。接受电子商务企业委托提供报关服务的企业。

　　"电子商务通关服务平台企业"。是指电子口岸企业，负责搭建海关、企业及相关机关之间数据交换与信息共享平台。

　　"海关监管场所经营人、仓储企业"。一般在保税模式下出现，需要建立符合海关监管要求的计算机管理系统，并按照要求交换电子数据。

五、消费者

　　跨境电商零售进口商品的境内购买人，也包括跨境电商出口中的境外购买人。

跨境电商企业的法律责任

跨境电商企业注册于境外，是卖家，需要承担下列责任：

（1）承担商品质量安全的主体责任，并按规定履行相关义务。跨境电商企业应委托一家在境内办理工商登记的企业，由其在海关办理注册登记，承担如实申报责任，依法接受相关部门监管，并承担民事连带责任。

（2）承担消费者权益保障责任，包括但不限于商品信息披露、提供商品退换货服务、建立不合格或缺陷商品召回制度、对商品质量侵害消费者权益的赔付责任等。当发现相关商品存在质量安全风险或发生质量安全问题时，应立即停止销售，召回已销售商品并妥善处理，防止其再次流入市场，并及时将召回和处理情况向海关等监管部门报告。

（3）履行对消费者的提醒告知义务，会同跨境电商平台在商品订购网页或其他醒目位置向消费者提供风险告知书，消费者确认同意后方可下单购买。告知书应至少包含以下内容：①相关商品符合原产地有关质量、安全、卫生、环保、标识等标准或技术规范要求，但可能与我国标准存在差异。消费者自行承担相关风险。②相关商品直接购自境外，可能无中文标签，消费者可以通过网站查看商品中文电子标签。③消费者购买的商品仅限个人自用，不得再次销售。

（4）建立商品质量安全风险防控机制，包括收发货质量管理、库内质量管控、供应商管理等。

（5）建立健全网购保税进口商品质量追溯体系，追溯信息应至少涵盖国外启运地至国内消费者的完整物流轨迹，鼓励向海外发货人、商品生产商等上游溯源。

（6）向海关实时传输施加电子签名的跨境电商零售进口交易电子数据，可自行或委托代理人向海关申报清单，并承担相应责任。

跨境电商平台的法律责任

跨境电商平台企业除了承担国内电商平台企业的一般责任外，还需承担跨境电商平台的特殊责任。

（1）平台运营主体应在境内办理工商登记，并按相关规定在海关办理注册登记，接受相关部门监管，配合开展后续管理和执法工作。

（2）向海关实时传输施加电子签名的跨境电商零售进口交易电子数据，并对交易真实性、消费者身份真实性进行审核，承担相应责任。

（3）建立平台内交易规则、交易安全保障、消费者权益保护、不良信息处理等管理制度。对申请入驻平台的跨境电商企业进行主体身份真实性审核，在网站公示主体身份信息和消费者评价、投诉信息，并向监管部门提供平台入驻商家等信息。与申请入驻平台的跨境电商企业签署协议，就商品质量安全主体责任、消费者权益保障以及其他相关要求等方面明确双方责任、权利和义务。

（4）对平台入驻企业既有跨境电商企业，也有国内电商企业的，应建立相互独立的区块或频道为跨境电商企业和国内电商企业提供平台服务，或以明显标识对跨境电商零售进口商品和非跨境商品予以区分，避免误导消费者。

（5）建立消费纠纷处理和消费维权自律制度，消费者在平台内购买商品，其合法权益受到损害时，平台须积极协助消费者维护自身合法权益，并履行先行赔付责任。

（6）建立商品质量安全风险防控机制，在网站醒目位置及时发布商品风险监测信息、监管部门发布的预警信息等。督促跨境电商企业加强质量安全风险防控，当商品发生质量安全问题时，敦促跨境电商企业做好商品召回、处理，并做好报告工作。对不采取主动召回处理措施的跨境电商企业，可采取暂停其跨境电商业务的处罚措施。

（7）建立防止跨境电商零售进口商品虚假交易及二次销售的风险控制体系，加强对短时间内同一购买人、同一支付账户、同一收货地址、同一收件电话反复大量订购，以及盗用他人身份进行订购等非正常交易行为的监控，采取相应措施予以控制。

（8）根据监管部门要求，对平台内在售商品进行有效管理，及时关闭平台内禁止以跨境电商零售进口形式入境商品的展示及交易页面，并将有关情况报送相关部门。

跨境电商境内服务企业的法律责任

跨境电商境内服务企业包括支付企业、物流企业、报关企业、仓储企业等服务企业，其法律责任有：

（1）在境内办理工商登记，向海关提交相关资质证书并办理注册登记。其中：提供支付服务的银行机构应具备银保监会或原银监会颁发的《金融许可证》，非银行支付机构应具备人民银行颁发的《支付业务许可证》，支付业务范围应包括"互联网支付"；物流企业应取得国家邮政局颁发的《快递业务经营许可证》。

（2）支付、物流企业应如实向监管部门实时传输施加电子签名的跨境电商零售进口支付、物流电子信息，并对数据真实性承担相应责任。

（3）报关企业接受跨境电商企业（国内代理人）或平台企业委托向海关申报清单，承担合理审核、如实申报责任。这与报关企业在其他渠道的责任义务要求是一致的。

（4）物流企业应向海关开放物流实时跟踪信息共享接口，严格按照交易环节所制发的物流信息开展跨境电商零售进口商品的国内派送业务。对于发现国内实际派送与通关环节所申报物流信息（包括收件人和地址）不一致的，应终止相关派送业务，并及时向海关报告。

消费者的义务和责任

"消费者的义务和责任"是一个比较怪异的提法。在一般的法律关系中，强调的是消费者的权益以及如何保护，很少谈到义务和责任问题。即使有，也主要集中在付款和收货。在跨境电商场景下，消费者的义务和责任主要是基于商品跨境以及特殊的征税方式产生的：

（1）为跨境电商零售进口商品税款的纳税义务人。但实际上，消费者极少参与申报和缴税流程，而是由跨境电商平台、物流企业或报关企业作为税款代扣代缴义务人，向海关提供税款担保，并承担相应的补税义务及相关法律责任。

（2）购买前应当认真、详细阅读电商网站上的风险告知书内容，包括商品适用的境外标准、没有中文说明书等等，结合自身风险承担能力做出判断，同意告知书内容后方可下单购买。

（3）对于已购买的跨境电商零售进口商品，不得再次销售。当然，对禁止二次销售也要具体情况具体分析。对消费者实际购买后，发现不符合自身要求，或因需求改变，偶发性地转让销售的，应该属于法律可以容忍的范围。

政府部门的责任、权限

此处的政府部门主要是指海关，也包括市场监督管理、公安等相关部门。

（1）海关对跨境电商零售进口商品实施质量安全风险监测，在商品销售前按照法律法规实施必要的检疫，并视情况发布风险警示。建立跨境电商零售进口商品重大质量安全风险应急处理机制，市场监管部门加大跨境电商零售进口商品召回监管力度，督促跨境电商企业和跨境电商平台消除已销售商品安全隐患，依法实施召回；海关责令相关企业对不合格或存在质量安全问题的商品采取风险消减措施，对尚未销售的按货物实施监管，并依法追究相关经营主体责任。对食品类跨境电商零售进口商品优化完善监管措施，做好质量安全风险防控。

（2）原则上不允许网购保税进口商品在海关特殊监管区域外开展"网购保税＋线下自提"模式。"网购保税＋线下自提"模式是指试点将网购保税进口商品在实体体验店进行展示展销，消费者完成线上下单、经过身份验证、跨境支付、三单信息核对、缴纳跨境税等一系列合规购买流程后，可以当场提货或选用其他境内物流方式完成购买的模式。

（3）将跨境电商零售进口相关企业纳入海关信用管理，根据信用等级不同，实施差异化的通关管理措施。对认定为诚信企业的，依法实施通关便利；对认定为失信企业的，依法实施严格监管措施。将高级认证企业信息和失信企业信息共享至全国信用信息共享平台，通过"信用中国"网站和国家企业信用信息公示系统向社会公示，并依照有关规定实施联合激励与联合惩戒。海关已经制定专门针对跨境电商相关企业信用等级标准。根据海关总署公告2019年第229号，目前的跨境电商企业信用管理主要针对跨境电子商务平台企业。跨境电商平台企业申请适用海关认证企业管理的，应当同时符合《海关认证企业标准》中的通用标准、进出口货物收发货人和跨境电子商务平台企业单项标准。

（4）涉嫌走私或违反海关监管规定的跨境电商企业、平台、境内服务商，应配合海关调查，开放交易生产数据（ERP数据）或原始记录数据。

（5）海关对违反规定参与制造或传输虚假"三单"信息、为二次销售提供便利、未尽责审核订购人身份信息真实性等，导致出现个人身份信息或年度购买额度被盗用、进行二次销售及其他违反海关监管规定情况的企业依法进行处罚。对涉嫌走私或违规的，由海关依法处理；构成犯罪的，依法追究刑事责任。对利用其他公民身份信息非法从事跨境电商零售进口业务的，海关按走私违规处理，并按违法利用公民信息的有关法律规定移交相关部门处理。对不涉嫌走私违规、首次发现的，进行约谈或暂停业务责令整改；再次发现的，一定时期内不允许其从事跨境电商零售进口业务，并交由其他行业主管部门按规定实施查处。

（6）对企业和个体工商户在国内市场销售的《跨境电子商务零售进口商品清单》范围内的、无合法进口证明或相关证明显示采购自跨境电商零售进口渠道的商品，市场监管部门依职责实施查处。这实际上是无合法证明标准的扩大化适用。根据该标准，执法机关的证明责任相对较轻。该标准原来一般适用于海上等特殊领域走私违法的查处中，现扩大至境内销售的跨境电商清单商品，是否合法、是否合理，实践中存在争议。

跨境电商企业的信用管理

2018 年底的跨境新政明确，将跨境电商零售进口相关企业纳入海关信用管理，根据信用等级不同，实施差异化的通关管理措施。对认定为诚信企业的，依法实施通关便利；对认定为失信企业的，依法实施严格监管措施。将高级认证企业信息和失信企业信息共享至全国信用信息共享平台，通过"信用中国"网站和国家企业信用信息公示系统向社会公示，并依照有关规定实施联合激励与联合惩戒。

海关总署公告 2019 年第 229 号发布了与跨境电商企业配套的《海关认证企业标准》。根据该公告：

（1）目前海关信用管理在跨境电商领域仅仅适用于跨境电商平台企业。电商企业、电商企业代理企业、服务企业等其他主体暂不包含。当然，其他类型的企业，如果根据其企业类型通过其他领域的海关信用认证，也可以获得相应等级。比如，为跨境电商提供服务的报关企业，可以报关企业的身份申请信用等级认证。

（2）跨境电子商务平台企业申请适用海关认证企业管理的，应当同时符合《海关认证企业标准》中的通用标准、进出口货物收发货人和跨境电子商务平台企业单项标准。

（3）跨境电子商务平台企业单项标准主要集中在内部控制标准和贸易安全标准两个方面。如要求平台企业建立面向跨境电子商务企业、跨境电子商务企业境内代理人的海关法律法规等相关规定的常态化培训制度并有效落实；要求设置专门部门或岗位人员，对向海关传输的电子信息真实性、完整性和有效性进行合理审查；要求建立消费者权益保障制度，履行对消费者的提醒告知义务；要求具备与海关即时对接的条件；要求具备境内订购人身份信息真实性校验功能并有效运行；要求建立电商企业及其境内代理人和其他商业合作伙伴的资质准入制度并有效落实；要求建立对电商企业及其境内代理人交易行为的监控制度，能够有效识别非正常交易行为并采取相应的处置措施；等等。

跨境电商企业的稽查核查

海关能否对跨境电商企业实施稽查核查，之前一直有争议。

海关总署公告2014年第56号规定"电子商务进出境货物、物品放行后，电子商务企业应按有关规定接受海关开展后续监管"。此处的后续监管应该包括了海关稽查核查，但不明确。

2016年4月8日始实施跨境电商新政后该问题逐步明确。财关税〔2016〕18号文第一条明确，"跨境电子商务零售进口商品按照货物征收关税和进口环节增值税、消费税"，这就明确地将以往归入"物品"监管的跨境电商进口商品在海关监管对象分类中划归"货物"类别。

根据《中华人民共和国海关稽查条例》第二条规定，海关稽查，是指海关自进出口货物放行之日起三年内或者在保税货物、减免税进口货物的海关监管期限内及其后的三年内，对与进出口货物直接有关的企业、单位的会计账簿、会计凭证、报关单证以及其他有关资料和有关进出口货物进行核查，监督其进出口活动的真实性和合法性。

也就是说，跨境电商商品属于货物，而对于与货物进口有关的企业，海关有权稽查。对于核查，也有类似的规定。

实践中，2016年以来，海关对跨境电商企业开展了大范围稽查核查，也查处了多起违规走私的案件。

海关总署公告2018年第194号中，一方面规定跨境电商商品按个人物品监管；但另一方面也明确规定，在海关注册登记的跨境电子商务企业及其境内代理人、跨境电子商务平台企业、支付企业、物流企业等应当接受海关稽核查。这也印证了我们所说的所谓"按个人物品监管"仅指符合条件的跨境电商商品"不执行有关商品首次进口许可批件、注册或备案要求"，而不是将其认定为个人物品。

实践中还要关注的问题是，海关总署公告2018年第194号规范的是通过海关监管系统进出的跨境电商，那么对于非通过海关监管系统进出的跨境电商企业，海关能否实施稽查核查？我们认为，举重以明轻，当然可以。海关对通过海关监管系统进出的企业都可以行使稽查核查权力，没有走海关监管系统的更应该可以。

跨境电商领域常见的走私犯罪情形

因为存在跨境，必然存在走私犯罪的风险。在这一语境下，我们可以忽略"电子商务"字眼，"电子商务"只不过是一种手段。同时，由于电子商务的存在，又会使得利用跨境电子商务走私犯罪呈现出明显的渠道性特点。概括起来，实践中跨境电商渠道出现的走私犯罪情形如下：

一是"刷单"。利用跨境电商系统，伪报贸易方式，将原本应通过一般贸易方式以较高税率申报进口，或者需要许可证件进口的货物，进行拆分，虚构消费者，伪造订单、支付、运输信息，偷逃税款或者逃避海关监管，以跨境电商方式走私进境。此种行为有可能构成走私普通货物、物品罪，也有可能构成走私国家禁止进出口货物、物品罪。

二是利用跨境电商系统，低报商品价格，向海关推送或提供虚假的订单、支付单证，偷逃税款进行走私。此种行为有可能构成走私普通货物、物品罪。实践中，低报价格形成走私违法犯罪的原因有两个，一种情形是与普通的低报价格走私无异，因低报价格导致完税价格低于实际成交价格偷逃税款；另一种情形是缘于跨境电商受个人单次和年度购买限值的限制，为了能通过跨境电商系统进境或者适用跨境电商综合税而将实际成交价格调低申报，客观上也将因低报价格而造成偷逃税款。

上述两种行为是典型的海关公告规范下的跨境电商行为或利用该行为进行的走私犯罪。

三是没有通过海关跨境电商系统进口，但伪报贸易方式、偷逃税款进行走私。如，跨境电商没有实现与海关系统对接，平台销售的商品通过邮包的方式进境，特别是在 B2C 的模式下，有些执法部门会认为这是伪报贸易方式偷逃税款，构成走私。在这一类案件中，跨境电商平台上销售的商品的性质，特别是 B2C 模式下是属于一般贸易货物还是个人物品，能否适用行邮税，能否采用邮包方式抽查后缴纳税款进境等问题，就成了决定案件定性和走向的关键。

　　四是利用水客或者个人携带通关走私。空姐代购案件就是这一类案件的典型。在利用水客通关、偷逃税款的情况下，不论是通过电商平台实现的零售还是微信朋友圈形成的代购，毫无疑问都会构成走私普通货物、物品罪或其他相应的走私罪名。

　　上述两种情形可以视为海关跨境电商通关系统外的走私犯罪。

跨境电商领域常见的违规行为

违规是指跨境电商经营过程中存在违反海关监管规定，但不构成走私或走私犯罪的行为，一般常见于企业不具备主观故意的过失违法行为。实践中，海关多适用《中华人民共和国海关行政处罚实施条例》进行处罚。跨境电商领域常见的违规行为有：

（1）跨境保税货物短少违规。

主要是发生在保税模式的跨境电商经营过程中。由于多方面原因造成在一定时间内实际库存少于理论库存，但又不存在走私违法行为的。

（2）非正面清单范畴商品违规。

被列入《跨境电子商务零售进口商品清单》是跨境电商企业可以通过跨境电商渠道申报进境的前提。如果企业进口了清单外商品，又不存在逃避海关监管故意的，则可能构成为违规。

（3）商品申报不实。

包括商品名称、型号、规格、重量、数量、税则号列、原产地、完税价格等项目申报不实，但又不存在故意逃避海关监管、偷逃税款情事的。

（4）尚未查验擅自拆封。

如，在海关查验放行之前，擅自拆掉海关封志的。

对上述违规行为，海关将根据《中华人民共和国海关法》第八十六条第（十一）项、《中华人民共和国海关行政处罚实施条例》做出行政处罚。

"推单"行为及其合法性

推单或者代推，是这样一种业务形态：一些电子商务经营者在平台上向消费者销售了跨境商品，但由于相关的电子商务经营企业、平台企业未向海关备案或登记，这些平台未与海关监管系统实现对接，无法实现信息推送。为了实现能通过海关跨境电商监管系统进出境，适用跨境电商税率进口，这些电商经营企业寻找已经在海关注册并与海关实现系统对接的平台，将自己的销售数据导入这些已与海关系统实现对接的平台系统，由后者代为向海关推送订单和支付单信息，从而转化成符合海关监管要求的跨境电商商品，通过海关跨境电商系统申报进境。

推单或者代推行业自海关要求系统对接、三单比对以来已经实际存在了很长一段时间，也造就了一些企业开发出与海关对接的系统，向海关备案后专门为其他企业提供推单服务，但这些企业本身并不真正从事跨境电商平台业务。而实践中，确实存在大量的小微电子商务企业有转换推单的需求。实际操作中，电子商务企业直接与平台企业合作推单，或者通过物流货代企业寻找平台企业推单的现象非常普遍，业务衔接也非常顺畅，收费公开透明。

抛开"推单"过程中可能带来的低报价格、伪报品名等问题，假设电子商务企业如实将销售信息倒入平台企业系统，平台企业也如实向海关推送信息，那么这种操作合法吗？

立场不同，观点不同。

电商企业和平台企业认为，这种推单以跨境电商方式申报进境是基于真实的销售，而且销售时已注明跨境商品的销售。正因为销售在商品进境前已经完成，应认定已经属于消费者的个人物品。不同于假冒消费者个人信息、伪造订单的"刷单"行为。故，虽然没有在与海关系统对接的平台上完成销售，但在本质上属于跨境电商范围，可以适用跨境电商方式进境。所谓的推单，应该是对符合海关监管要求的形式转换，合法合规。

海关监管部门，尤其是缉私办案部门认为，在未与海关对接的国内电商平台上销售的商品其在本质上属于国内销售，在进出境环节具备商业属性，应通过一般贸易方式进境并全额征收货物进口税。推单行为是通过伪造数据实现伪报贸易方式、偷逃税款，应定性为走私行为。

实践中，已经出现了多起与此相关的行政案件甚至刑事案件。究其原因，还是现有的政策法律规范不明确，导致理解上的巨大偏差。如何评判，还要回到政策文件本身。

财关税〔2016〕18 号文第二条"未通过与海关联网的电子商务交易平台交易，但快递、邮政企业能够统一提供交易、支付、物流等电子信息，并承诺承担相应法律责任进境的跨境电子商务零售进口商品"。商财发〔2018〕486 号及海关总署公告 2018 年第 194 号也有类似的规定。也就是说，未通过与海关联网的平台交易的，通过一定的转换，也可认定为可以纳入海关监管系统的跨境电商，适用跨境电商综合税。

我们认为，看待这一问题要从两个角度出发。一是未与海关联网的国内电商平台上销售的商品，其本质上也是跨境电商。这个问题又回到了跨境电商的定义问题。即，是商品跨境性还是交易主体跨境性。我们认为只要存在商品跨境，其本质上就是跨境电商。销售已经完成，在进出境环节已经是确定去向的消费者个人商品，不存在进境后商业交易的特性。二是从鼓励创新，包容交易的角度出发，这种平台销售的商品只要能确保系统数据的真实性，将其纳入跨境电商系统监管适用跨境电商综合税也没有社会危害性。

当然，最根本的解决之道还应该是相应的立法、政策给予进一步的明确。

《中华人民共和国电子商务法》对规范跨境电商的作用和意义

2018年8月31日，第十三届全国人民代表大会常务委员会第五次会议通过了《中华人民共和国电子商务法》。各界对其给予了充分的肯定，归纳出了五大亮点、十大亮点等等。该法出台后，有评论认为对跨境电商的规范是此次立法的亮点之一，对跨境电商的监管有了法律上的基本规定和行为规范。

我们认为，一方面，我国对跨境电商的监管确实存在立法缺失，不光在法律、行政法规的层面上存在缺失，就连海关总署等管理部门的行政规章也都没有。目前实践中能见到的就是国务院的一些政策性规定和海关总署等部门的一些公告，行政管理规范严重缺失。从这个方面讲，针对电子商务立法对跨境电商的规范确实是一个标志性事件。另一方面，《电子商务法》对跨境电商的规范是框架式的、笼统的，没有具体详细的规定，不具备可操作性。实践中的难题没有被真正地解决。

具体看，《电子商务法》直接提到跨境电子商务的法条有四条。

一条是在第二章"电子商务经营者"中，第二十六条规定，"电子商务经营者从事跨境电子商务，应当遵守进出口监督管理的法律、行政法规和国家有关规定"。

另外三条是在第五章"电子商务促进"中，其中第七十一条规定，"国家促进电子商务发展，建立健全适应跨境电子商务特点的海关、税收、进出境检验检疫、支付结算等管理制度。国家支持小型微型企业从事跨境电子商务"。第七十二条规定，国家进出口管理部门应当推进相关的服务和监管体系建设"。第七十三条规定，"国家推动建立与不同国家、地区之间跨境电子商务的交流合作。国家推动建立与不同国家、地区之间的跨境电子商务争议解决机制"。

《中华人民共和国电子商务法》对跨境电商的适用

就跨境电商本身来讲，对其规范可以分为两个方面，一方面是与普通的电子商务相通的部分，可以适用《电子商务法》，不存在问题。另一方面是跨境电子商务其本身独有的问题，需要单独的、专门的规范。

跨境电商这些独有的问题，又体现为民商事法律问题和行政管理法律问题两类。

就跨境电商民商事法律问题而言，如果跨境电商列入了《电子商务法》的规范范畴，这些问题直接可以适用《电子商务法》，也就不成为问题。有问题的是不能纳入电子商务法调整范围（或不确定能否纳入）的这一部分。我们知道，电子商务一个根本特性就是全球化，局限在一国之内的电子商务很少见。现在大型的电子商务平台和经营者基本上都是全球范围内经营。根据《电子商务法》第二条，"中华人民共和国境内的电子商务活动，适用本法"，如何理解，非常关键。正如我们之前所分析的，目前电子商务都存在着全球化的情况，如何理解电子商务活动"在中国境内"？是电子商务经营者注册在中国境内，还是电子商务经营平台在中国境内？是电子商务交易的行为全部或部分发生在中国境内，抑或是只要一方主体在中国境内即可？比如中国消费者在国外电商平台上购买商品的行为，算不算中国境内的电子商务活动。这一条款需要解释。根据上下文，我们也可以做一个推断，立法者的本意应该是局限在电子商务经营者、电子商务平台经营者在中国境内的范畴之内。如果是这样的话，大量的跨境电子商务行为将被排除在《电子商务法》规范的对象之外。

就跨境电商的行政管理问题而言，这里专指其特有的进出境监督管理问题。实践中跨境电子商务存在的最为突出的问题就是海关、税务、外汇等部门的监督管理问题，如何确定跨境电子商务平台销售商品的性质，是货物还是个人物品，如何设定通关模式，如何办理通关手续，如何征收税款，如何办理出口退税，如何办理外汇进出境等等，对管理部门和跨境电子商务经营者、消费者来讲都是需要明确的问题。否则，必然会带来不确定性，对跨境电商的发展产生消极影响；实践中也确实产生和存在着大量的问题。而《中华人民共和国电子商务法》对此几乎没有涉及，只是一些原则性的、宏观的、宣言性的规定，对社会实际需求而言是远远不够的。

我们认为，《中华人民共和国电子商务法》未能解决跨境电商核心问题，一方面是源于此次立法的重点不在于此；另一方面，对跨境电子商务进出境监管方面相关问题的争议有待厘清。

我国跨境电商的立法现状

我国跨境电商随着电子商务和国际贸易的发展逐渐成长壮大，但其成长的法制环境一直不乐观，可以说，跨境电商是野蛮地疯狂地成长。这也造成了跨境电商在民商事领域、行政管理领域、刑事执法领域的诸多风险和问题。客观地讲，世界其他国家也如此。

2013年开始，国务院及海关总署、国家发展改革委、财政部、工业和信息化部、农业部、商务部等部门，先后出台了几十项专门针对跨境电商和涉及跨境电商的政策。从政策的方向看，鼓励出口，规范进口。政策要求各部门落实跨境电商基础设施建设、监管设施建设，以及要求优化完善支付、税收、检验等过程。

但遗憾的是，这些仅仅停留在政策规定层面。到目前为止还没有一部专门的法律法规或规章对跨境电商监管做出基本规定。

在众多的政策规定中，2014年7月23日公布、8月1日实施的海关总署公告2014年第56号，2016年4月7日公布、4月8日实施的海关总署公告2016年第26号，和2018年12月10日公布、2019年1月1日实施的海关总署公告2018年第194号三个文件是最为重要的，也是海关监管的综合性文件。当然，上述三个文件是主线，但也不是说这些政策是由海关总署单独决定的。与上述三个文件并行的财政部、商务部、税务总局等部门的联合发文，即财关税〔2016〕18号文、财关税〔2018〕49号文、商财发〔2018〕486号文等也不容忽视。

海关总署公告2014年第56号，使得跨境电商的海关监管有了基本依据，2014年也就成为中国跨境电商的政策元年。海关总署公告2016年第26号创造了跨境电商税，使得跨境电商成为一个独特的海关监管模式。海关总署公告2018年第194号取代了前两个公告，成为最新的现行有效的跨境电商海关监管文件。

但上述三个文件，一是规范层次低，还未具备立法的基本要求，甚至达不到行政规章层级；二是文件的规范范围很窄，局限于通过电商平台实现零售交易且与海关系统实现对接的跨境电商,对除此之外的情形未明确;三是上述政策规定的诸多内容还存在着争议,在实践中也存在严重的执行变样。

2018 年 8 月 31 日,十三届全国人大常委会第五次会议通过了《中华人民共和国电子商务法》。有评论认为对跨境电商的规范是此次立法的一大亮点之一,对跨境电商有了法律上的基本规定和行为规范。对此,我们认为需要谨慎客观评论。

一方面,我国跨境电商确实存在立法缺失,从这个方面讲,电子商务立法对跨境电商的规范,确实是一个标志性事件。另一方面,《电子商务法》中对跨境电商的规范是框架式的、笼统的,没有具体详细的规定,不具备任何的可操作性。实践中的难题没有真正解决。

我们认为,下一步,关于跨境电商的立法,应从最基本的政府部门规章开始,逐步将跨境电商立法提上日程。

跨境电商 B2B 出口监管试点

2020 年 6 月 12 日，海关总署公告 2020 年第 75 号（《关于开展跨境电子商务企业对企业出口监管试点的公告》）发布。

从内容上看，公告主要是针对 B2B 出口，实际上是将跨境电商的范围进一步扩大，海关规范范围从零售扩大到了批发。这与我们在本书中讨论的跨境电商零售进出口的内容存在很大的不同，甚至可以说有质的区别。虽然该公告为跨境电商 B2B 增设了新的监管方式代码——9710、9810，但实际上其在国际贸易中本质上与一般贸易（监管方式代码 0110）更接近，无根本性差别。

该公告只是提出了海关监管的初步内容。海关监管的核心内容，尤其是涉及税务、外汇、财政等的相关政策的落实还需要进一步明确。按照海关总署的解读，在跨境电商 B2B 改革中，增列监管方式代码将为商务、财政、税务、外汇等部门出台配套支持措施提供支点。

（1）适用范围：境内企业通过跨境电商平台与境外企业达成交易后，通过跨境物流将货物直接出口送达境外企业（简称"跨境电商 B2B 直接出口"）；或境内企业将出口货物通过跨境物流送达海外仓，通过跨境电商平台实现交易后从海外仓送达购买者（简称"跨境电商出口海外仓"）。

（2）企业注册登记：跨境电商企业、跨境电商平台企业、物流企业等参与跨境电商 B2B 出口业务的境内企业，应当依据海关报关单位注册登记管理有关规定，向所在地海关办理注册登记。开展出口海外仓业务的跨境电商企业，还应当在海关开展出口海外仓业务模式备案。

（3）通关管理：企业通过国际贸易"单一窗口"或"互联网 + 海关"向海关提交申报数据、传输电子信息；跨境电商 B2B 出口货物应当符合检验检疫相关规定；海关对跨境电商 B2B 出口货物可优先安排查验；跨境电商 B2B 出口货物适用全国通关一体化，也可采用"跨境电商"模式进行转关。

（4）自 2020 年 7 月 1 日起，在北京海关、天津海关、南京海关、杭州海关、宁波海关、厦门海关、郑州海关、广州海关、深圳海关、黄埔海关开展跨境电商 B2B 出口监管试点。2020 年 8 月 13 日海关总署公告 2020 年第 92 号在第 75 号公告的基础上，进一步扩大了跨境电商 B2B 出口的监管试点范围，增加了上海、福州、青岛等 12 个直属海关开展跨境电商 B2B 出口监管试点。根据试点情况及时在全国海关复制推广。

第二部分

跨境电商监管政策演变
及核心政策解读

监管政策演变 ▶▶▶

时间轴

① 2001年7月20日,海关总署公告2001年第8号(《关于增列海关监管方式代码并对报关单填制要求作局部调整有关问题》)【部分失效】★

1. 该公告设置了旅游购物商品(代码0139)海关监管模式。
2. 旅游购物商品是指境外旅游者用自带外汇购买的或委托境内企业托运出境5万美元以下的旅游商品或小批量订货。
3. 在一定时期内,旅游购物商品曾经是跨境电商出口的流行方式之一。
4. 该贸易方式已被市场采购(代码1039)海关监管方式所取代。该公告已废止,见海关总署公告2017年第34号。

② 2007年12月11日,海关总署公告2007年第72号(《关于在全国各对外开放口岸实行新的进出境旅客申报制度》)★

1. 此公告意在规范进出境旅客申报,同时包含了进出境旅客携带物品的验放标准。
2. 海淘从业者,尤其是以"人肉携带"方式携带商品进境的,会特别关注5000元进境标准的限制。
3. 貌似与跨境电商无关,实则息息相关。

③ 2010年7月2日,海关总署公告2010年第43号(《关于调整进出境个人邮递物品管理措施有关事宜》)★★

1. 以个人邮递物品方式进境是跨境电商商品进出境的一个最普遍的方式。
2. 2016年"4·8新政"之前,跨境电商商品数量、限额基本上都是按邮递物品验放。"4·8新政"之后,未达到海关系统对接、三单比对监管要求但符合个人物品条件的,还是可以选择以邮递物品的方式进出境。
3. 需特别关注限值、税款免征额、单件物品超出限值的处理等规定。
4. 实践中容易出现争议的是第四条对"商业性邮件"的理解。跨境电商平台已销售的商品是否是商业性邮件,办案部门和商业从业者往往做相反理解。对此,亟须国家相关部门明确,避免跨境电商从业者的合规风险。
5. 以个人邮递物品进出境的一个基本特点是:由于进出境过程中没有完整、详细的申报,海关实施抽查式监管,存在选择性缴税、漏缴税款、偷逃税款的法律风险。
6. 海关总署公告2018年第164号明确,自2018年11月30日起在全国海关推广使用进出境邮递物品信息化管理系统,海关总署与中国邮政集团公司通过建立总对总对接的方式实现进出境邮件全国联网传输数据。邮政企业负责采集邮件面单电子数据并向海关信息系统传输,面单信息包括收寄件人名称,收寄国家(地区)及具体地址,内件品名、数量、重量、价格(含币种)等。进出境邮递物品所有人应当承担邮寄进出境物品的申报责任。该系统实施情况不明。根据该公告,如果系统得以全面实施,实际上相当于实现了邮递物品的全面申报。

④ 2010年8月19日，海关总署公告2010年第54号（《关于进境旅客所携行李物品验放标准有关事宜》）★

1. 该公告与海关总署公告2007年第72号内容基本相同。
2. 主要还是强调居民旅客5000元人民币的进境携带行李物品验放标准。

⑤ 2012年2月6日，发改办高技〔2012〕226号（《国家发展改革委 财政部 海关总署 八部委局办公厅关于促进电子商务健康快速发展有关工作的通知》）★

1. 该通知首次提出研究跨境贸易电子商务便利化措施，由海关总署牵头，在相关示范城市组织开展试点。
2. 旨在创建电子商务示范城市，并从多方面推动电子商务的发展，包括电子支付、电子商务信用服务体系、电子发票等。

⑥ 2012年3月26日，海关总署公告2012年第15号（《关于修订〈中华人民共和国进境物品归类表〉及〈中华人民共和国进境物品完税价格表〉》）★★

1. 以个人物品进出境，尤其是通过邮递、快件，是目前跨境电商进出境的主要方式。
2. 个人物品包含了旅客个人行李物品和邮递物品，征收的是个人物品进境税，也称行邮税。
3. 本公告主要是规范进境个人物品的归类原则和完税价格审定原则。
4. 具体的行邮税税率、归类、完税价格会随时调整，但本公告规定的原则长期有效。

⑦ 2013年8月21日，国办发〔2013〕89号（《国务院办公厅转发商务部等部门关于实施支持跨境电子商务零售出口有关政策意见的通知》）★

1. 该通知确定了第一批跨境电商试点城市的落地实施。
2. 试点内容涵盖了通关、检验检疫、结汇、免税、退税等综合性内容。
3. 确定了跨境电商的经营主体类型、对跨境电商建立新型海关监管模式，鼓励银行、支付机构等为跨境电商提供支付服务，并且还提到对跨境电商出口货物实施免除或退还消费税、增值税。
4. 这是国务院层面较早的一个规范和推动出口跨境电商发展的文件。

⑧ 2013年12月30日，财税〔2013〕96号（《财政部 国家税务总局关于跨境电子商务零售出口税收政策的通知》）【已被后续文件取代】★★

1. 该通知旨在落实国办发〔2013〕89号文中关于对跨境电商出口货物消费税、增值税的免税、退税政策。
2. 出口跨境电商由于采购环节缺少进项票据或未取得有效凭证，致使出口环节的免税、退税成为一个大问题。
3. 由于该通知设定的条件较高，实践中跨境电商出口企业很难达到要求，操作性不强。
4. 其后财税〔2015〕143号文、财税〔2018〕103号文等几个文件延续本文件的规定，逐步解决了出口跨境电商增值税免税、企业所得税核定征收等问题。

⑨ 2014年1月24日，海关总署公告2014年第12号（《关于增列海关监管方式代码的公告》）★★

1. 最早增设的专门用于跨境电商的监管方式。
2. 增列海关监管方式代码"9610"，全称"跨境贸易电子商务"，简称"电子商务"，适用于境内个人或电子商务企业通过电子商务交易平台实现交易，并采用"清单核放、汇总申报"模式办理通关手续的跨境电商零售进出口商品。
3. 该监管方式最初主要用于出口，目前在跨境电商零售商品进境领域亦适用。

⑩ 2014年3月4日，署科函〔2014〕59号（《海关总署关于跨境贸易电子商务服务试点网购保税进口模式有关问题的通知》）【已失效】★★

1. 早期海关针对第一批跨境电商试点城市颁布的政策。
2. 在试点城市内按照网购保税进口模式监管，进口商品应为个人生活消费品，商品限值1000元。
3. 对网购保税进口的个人生活消费品，以电子订单的实际销售价格作为完税价格，参照行邮税税率计征税款。
4. 该通知为海关内部文件，并非公开的规范性文件。

⑪ 2014年7月1日，海关总署公告2014年第54号（《关于市场采购贸易监管办法及其监管方式有关事宜的公告》）【已废止】★

1. 该公告设立了市场采购监管模式，代码1039。
2. 市场采购模式实际上逐步取代了旅游购物商品（监管代码0139），旅游购物商品监管方式已被废止。
3. 该监管模式最早在浙江义乌实施，之后海关总署公告2016年第63号和2018年第167号，扩大了对市场集聚区范围及其商品城、专业市场和专业街的认定范围。
4. 该公告关于市场采购贸易监管办法的内容已被2019年12月27日公布实施的海关总署公告2019年第221号（《关于修订市场采购贸易监管办法及其监管方式有关事宜的公告》）所取代。

⑫ 2014年7月23日，海关总署公告2014年第56号（《关于跨境贸易电子商务进出境货物、物品有关监管事宜的公告》）【已失效】★★★

1. 第一个关于跨境电商监管的综合性海关监管文件，开创了跨境电商监管政策新纪元，2014年成为跨境电商监管元年。
2. 该公告被海关总署公告2016年第26号取代，后又被海关总署公告2018年第194号取代，三份公告的精神一脉相承，构成了跨境电商监管政策发展框架。
3. 该公告及当时的国家监管政策造就了跨境电商一时的繁荣，也埋下了与一般贸易监管政策失衡的隐患，并导致2016年"4•8新政"的剧烈转向。
4. 该公告已明确将平台对接作为纳入海关监管模式的必要条件。
5. 根据该公告，跨境电商商品可以由企业按照货物来申报，也可以由个人（可以委托企业）按个人物品来申报。实践中，绝大部分都是按个人物品来申报的。

13

2014年7月30日, 海关总署公告2014年第57号 (《关于增列海关监管方式代码的公告》) ★★

1. 该公告配合海关总署公告2014年第56号同步实施。
2. 增列海关监管方式代码"1210", 全称"保税跨境贸易电子商务", 简称"保税电商", 用于进口时仅限经批准开展跨境贸易电子商务进口试点的海关特殊监管区域和保税物流中心(B型)。
3. "1210"监管方式成为2016年"4·8新政"前海关认可的跨境电商进口的最主要的方式。
4. "1210"监管方式适用于"一线"(境外与特殊区域和场所之间), 不适用于"二线"(特殊区域和场所与境内之间)。

14

2015年1月20日, 汇发〔2015〕7号 (《国家外汇管理局关于开展支付机构跨境外汇支付业务试点的通知》) 【已失效】★

1. 为支持跨境电商发展, 外汇管理部门发布的外汇支付业务试点管理办法, 要求支付机构参加跨境电子商务外汇支付业务试点, 必须首先取得人民银行颁发的《支付业务许可证》, 许可业务范围须包括互联网支付。
2. 该通知已被《国家外汇管理局关于印发〈支付机构外汇业务管理办法〉的通知》(汇发〔2019〕13号)所取代。

15

2015年3月7日, 国函〔2015〕44号 (《国务院关于同意设立中国(杭州)跨境电子商务综合试验区的批复》) ★

1. 国务院批复, 第一个跨境电子商务综合试验区设立。
2. 后又于2016、2018、2019、2020年陆续设立四批, 目前全国共计有105个跨境电商综合试验区。

16

2015年6月16日, 国办发〔2015〕46号 (《国务院办公厅关于促进跨境电子商务健康快速发展的指导意见》) ★

1. 国务院针对跨境电商, 就海关监管、检验检疫、税收、外汇支付、财政金融支持等问题出台的指导意见。
2. 宏观指导意见为主, 具体可落实措施不多。

17

2015年9月9日, 加贸函〔2015〕58号 (《海关总署加贸司关于加强跨境电子商务网购保税进口监管工作的函》) 【已废止】★

1. 该通知已被《海关总署关于加强跨境电子商务网购保税进口监管工作的通知》(署加发〔2016〕246号)取代。
2. 该通知的主要目的是防范跨境电商监管风险, 明确非跨境贸易电子商务服务试点城市不得开展网购保税进口业务, 海关不得在保税仓库内开展网购保税进口业务等。

18

2015年12月18日, 财税〔2015〕143号 (《财政部 国家税务总局关于中国(杭州)跨境电子商务综合试验区出口货物有关税收政策的通知》) ★★

1. 该通知是财税〔2013〕96号文件精神的延续。
2. 该通知是尝试在杭州跨境电商综合试验区解决出口跨境电商企业由于存在采购环节缺少进项票据导致出口环节的免税、退税问题。
3. 后续财税〔2018〕103号文、国家税务总局公告2019年第36号(《国家税务总局关于跨境电子商务综合试验区零售出口企业所得税核定征收有关问题的公告》)等, 内容上与该通知一脉相承。

19 2015年12月21日,海关总署公告2015年第67号(《关于市场采购贸易方式扩大试点的公告》)★

在海关总署公告2014年第54号的基础上,继续扩大市场采购贸易试点范围,增加江苏省海门叠石桥国际家纺城和浙江省海宁皮革城。

20 2016年1月12日,国函〔2016〕17号(《国务院关于同意在天津等12个城市设立跨境电子商务综合试验区的批复》)★

跨境电商综合试验区第一次扩容,增加了天津、上海、深圳等12个新成员。

21 2016年3月9日,海关总署公告2016年第19号(《关于启用新快件通关系统相关事宜的公告》)★★

1. 该公告名为启用新快件通关系统,更为重要的是实质改变了快件的分类标准。
2. B类快件适合于跨境电商商品的进口。由于快件采用清单式完全申报、全额缴税,如企业如实申报,则可以大大降低企业的运营风险。
3. 实践中跨境电商商品有很大比例是通过快件渠道以个人物品完成进出境的,业内称之为CC渠道。

22 2016年3月16日,税委会〔2016〕2号(《国务院关税税则委员会关于调整进境物品进口税有关问题的通知》)【已被取代】★

1. 本通知主要是对进境物品税的税率进行调整,由之前实行多年的10%、20%、30%、50%四档税率,调整为15%、30%、60%三档税率。税档减少,税率大幅提升。
2. 此次调整与2016年"4·8新政"同步,目的是平衡一般贸易与个人物品税收政策带来的利益分配。
3. 此后,进境物品进口税随着跨境电商政策做了多次调整。目前实际上已失效。

23 2016年3月24日,财关税〔2016〕18号(《财政部 海关总署 国家税务总局关于跨境电子商务零售进口税收政策的通知》)★★★

1. 是2016年"4·8新政"核心文件之一,仍有效。
2. 就税收问题进行了详细的规定,也是2016年"4·8"新政的首创。
3. 首次为跨境电商设定了专门税率,业内俗称为跨境电商综合税。跨境电商综合税并不是一个正式税种,只是一种税率计算方式。该税率还在继续沿用。跨境电商购买限值也得到首次明确,超出限值按特殊情况处理。已被财关税〔2018〕49号文细化,以后者为准。

24 2016年4月6日,11部委局办公告2016年第40号(《财政部等11个部门关于公布跨境电子商务零售进口商品清单的公告》)【已失效】★★

1. 2016年"4·8新政"开启的正面清单管理,纳入清单的商品才可以通过海关监管系统以跨境电商模式进口。
2. 该清单已被多次修改和取代。
3. 使用公告附件的清单时要注意:有些商品有《进出口野生动植物种商品目录》排除限制或其他禁限目录排除限制;还要特别注意目录结尾的注解。

25

2016年4月6日，海关总署公告2016年第25号（《关于〈中华人民共和国进境物品归类表〉和〈中华人民共和国进境物品完税价格表〉的公告》）【已被修改和取代】★

→ 该公告是海关总署为执行《国务院关税税则委员会关于调整进境物品进口税有关问题的通知》（税委会〔2016〕2号）发布的公告，已被修改和取代。

26

2016年4月6日，海关总署公告2016年第26号（《关于跨境电子商务零售进出口商品有关监管事宜的公告》）【已失效】★★★

→ 1. 2016年跨境电商"4·8新政"的核心文件。
2. 该公告取代了2014年海关总署公告第56号，后又被2018年海关总署公告第194号取代，三份公告反映了跨境电商监管政策的脉络变化。
3. 该公告中关于按照货物监管的政策引发了行业巨震，一度被暂停，直到2018年底才明确。

27

2016年4月15日，13部委局办公告2016年第47号（《财政部等13个部门关于公布跨境电子商务零售进口商品清单（第二批）的公告》）【已失效】★★

→ 1. 延续此前11部委局办公告2016年第40号，颁布第二批正面清单。
2. 已被修改和取代。

28

2016年5月24日，署办发〔2016〕29号（《海关总署办公厅关于执行跨境电子商务零售进口新的监管要求有关事宜的通知》）★

→ 1. 是2016年"4·8新政"实施后，为应对新政带来的震动，根据国务院的要求，海关总署对新政过渡期的安排。
2. 该通知主要是落实了跨境电商商品"暂按个人物品监管"的要求。

29

2016年7月6日，税管函〔2016〕73号（《海关总署关税征管司、加贸司关于明确跨境电商进口商品完税价格有关问题的通知》）★★

→ 1. 该通知为跨境电商商品完税价格审核确定的文件，目前仍具有指导意义。
2. 该通知的核心内容是关于跨境电商商品的优惠价格及运保费的计核问题。
3. 该通知为内部文件，对外不具备效力。
4. 优惠价格、运保费如何计入跨境电商商品的完税价格的合理性值得质疑，在案件办理过程中相对人、当事人可以提出异议。

30

2016年11月16日，海关总署公告2016年第63号（《关于市场采购贸易方式扩大试点的公告》）★

→ 1. 该公告在海关总署公告2014年第54号（2014年7月1日起）设立"市场采购"（代码1039）监管方式的基础上，进一步扩大适用范围。
2. 最新的市场采购贸易监管办法见海关总署公告2019年第221号（《关于修订市场采购贸易监管办法及其监管方式有关事宜的公告》）。

31 2016年12月5日，海关总署公告2016年第75号（《关于增列海关监管方式代码的公告》）★★

1. 该公告增列了海关监管方式代码"1239"，全称"保税跨境贸易电子商务A"，简称"保税电商A"。
2. "1239"海关监管方式是适用于非试点城市的保税电商监管方式，与试点城市适用的"1210"海关监管方式相对应。

32 2016年12月16日，署加发〔2016〕246号（《海关总署关于加强跨境电子商务网购保税进口监管工作的通知》）★

1. 2016年"4·8新政"后，面对新政带来的行业震动，海关总署就执行新政做出的具体执行措施安排。
2. 该通知的主要内容与新政的核心文件一致，强调的是如何执行"暂按个人物品监管"。
3. 该通知取代了《海关总署加贸司关于加强跨境电子商务网购保税进口监管工作的函》（加贸函〔2015〕58号）。

33 2017年7月27日，海关总署公告2017年第34号（《关于废止海关监管方式代码的公告》）★

1. "旅游购物商品"（代码0139）监管方式自2001年8月1日起实施，是通过海关总署公告2001年第8号设立的。
2. "旅游购物商品"监管方式曾经是跨境电商商品出口的流行方式之一。
3. 该监管方式被2014年7月1日起（海关总署公告2014年第54号）确定实施并逐步扩大的"市场采购"（代码1039）监管方式所取代。

34 2018年4月13日，海关总署公告2018年第27号（《关于规范跨境电子商务支付企业登记管理的公告》）【已废止】★

1. 该公告主要是规范跨境电子商务支付企业向海关办理登记的手续。
2. 该公告已被海关总署公告2018年第219号（《关于跨境电子商务企业海关注册登记管理有关事宜的公告》）取代。

35 2018年6月14日，海关总署公告2018年第56号（《关于跨境电子商务统一版信息化系统企业接入事宜的公告》）【已废止】★

1. 该公告规定了三单信息传输的责任主体。
2. 该公告已被海关总署公告2018年第113号（《关于修订跨境电子商务统一版信息化系统企业接入报文规范的公告》）废止。

36 2018年7月24日，国函〔2018〕93号（《国务院关于同意在北京等22个城市设立跨境电子商务综合试验区的批复》）★

1. 继国函〔2015〕44号文件、国函〔2016〕17号文件后，第三次对跨境电商综合试验区进行扩容。
2. 在北京市、呼和浩特市、沈阳市、长春市、哈尔滨市、南京市、南昌市、武汉市、长沙市、南宁市等22个城市增设跨境电商综合试验区。

37 2018年8月31日，《中华人民共和国电子商务法》（部分内容）★

1. 是我国电子商务的基础立法。
2. 该法关于平台责任、消费者权益保护等通用内容适用于跨境电商。
3. 该法关于跨境电商进出境部分的内容规定笼统，无实际指导意义。

38

2018年9月4日，海关总署公告2018年第113号（《关于修订跨境电子商务统一版信息化系统企业接入报文规范的公告》）★

1. 该公告是海关和检验检疫部门合并后的文件整合。
2. 该公告废止了海关总署公告2018年第56号。
3. 该公告的重点内容在于确定了信息传输的责任主体。

39

2018 年 9 月 28 日，财税〔2018〕103 号（《财政部　税务总局　商务部　海关总署关于跨境电子商务综合试验区零售出口货物税收政策的通知》）★★

1. 该通知的核心内容是进一步简化出口跨境电商增值税、消费税的免税政策。
2. 该通知是《财政部　国家税务总局关于跨境电子商务零售出口税收政策的通知》（财税〔2013〕96号）精神延续；但与前者相比，该通知的操作明显简单易行，对出口跨境电商企业是重大利好，解决了运营的合规性问题。
3. 该通知对于所得税问题未予解决。

40

2018 年 9 月 30 日，税委会〔2018〕49 号（《国务院关税税则委员会关于调整进境物品进口税有关问题的通知》）【已被修改和取代】★

1. 该通知将进境个人物品税税率由此前的15%、30%、60%调整为15%、25%、50%。
2. 该通知将药品调整到税目1，对按国家规定减按3%征收进口环节增值税的进口抗癌药品，按货物税率征税。
3. 此后还有相应的文件对此进行调整，该通知实际上已被取代。

41

2018年10月25日，海关总署公告2018年第140号（《关于〈中华人民共和国进境物品归类表〉和〈中华人民共和国进境物品完税价格表〉的公告》）★

对《国务院关税税则委员会关于调整进境物品进口税有关问题的通知》（税委会〔2018〕49号）税率调整的落实，归类原则和完税价格确定原则不变。

42

2018年11月8日，海关总署公告2018年第164号（《关于启用进出境邮递物品信息化管理系统有关事宜的公告》）★★

1. 以个人邮递物品方式进出境是跨境电商商品进出境的最普遍方式之一，由于进出境过程中没有完整详细的商品申报，海关采取抽查式监管，存在选择性缴税、漏缴税款、偷逃税款的法律风险。
2. 2016年"4·8新政"之后，对一些未实现与海关系统对接、三单比对的，特别是境外的网站平台，如亚马逊等，主要还是通过个人邮递物品的方式进境。
3. 该公告的核心是实现海关总署与中国邮政集团公司通过建立总对总对接的方式实现进出境邮件全国联网传输数据。如果系统得以全面实施，实际上相当于实现了邮递物品的全面申报。

43

2018年11月8日，海关总署公告2018年第165号（《关于实时获取跨境电子商务平台企业支付相关原始数据有关事宜的公告》）★

1. 该公告主要是落实2018年跨境电商政策调整的要求，实现海关对跨境电商支付数据的获取。
2. 该公告要求参与跨境电子商务零售进口业务的跨境电商平台企业应当向海关开放支付相关原始数据，供海关验核。

44

2018年11月13日，海关总署公告2018年第167号（《关于扩大市场采购贸易方式试点的公告》）★

1. 该公告在海关总署公告2014年第54号（2014年7月1日起）设立"市场采购"（代码1039）监管方式的基础上，进一步扩大适用范围。
2. 最新的"市场采购"监管方式见海关总署公告2019年第221号（《关于修订市场采购贸易监管办法及其监管方式有关事宜的公告》）。

45

2018年11月20日，13部委局办公告2018年第157号（《财务部等13个部门关于调整跨境电商零售进口商品清单的公告》）【已失效】★★

1. 该公告是与2018年跨境电商新政配套的进口商品正面清单。
2. 该公告已被修改和替代。
3. 使用公告附件的清单时要注意：有些商品仅限网购保税方式进口，有些商品有数量限制，有些商品有《进出口野生动植物种商品目录》排除限制、两用物项排除限制或其他禁限目录排除限制，特定商品限值，还要特别注意目录结尾的注解。

46

2018年11月28日，商财发〔2018〕486号（《商务部 发展改革委 财政部 海关总署 税务总局 市场监管总局关于完善跨境电子商务零售进口监管有关工作的通知》）★★★

1. 该通知重在落实进境跨境电商的概念、基本要求、相关参与主体及各自的责任，可以看作是《电子商务法》在跨境电商领域的实施和具体化，涉及的相关管理部门有六个部委署局。该通知的立足点在监管。
2. 该通知只针对进口，未包含出口，可见跨境电商进口是监管的重点和难点。此外，该通知规范的范围是零售进口，也就是2C，排除一般贸易。
3. 该通知提到的过渡期，是指2016年"4·8新政"出台后，整个过渡期可以从"4·8新政"实施起算一直到2018年底。
4. 该通知强调，"中国境内"消费者购买的是境外商品，且需满足正面清单、系统对接、三单比对的要求。

47

2018年11月29日，财关税〔2018〕49号（《财政部 海关总署 国家税务总局关于完善跨境电子商务零售进口税收政策的通知》）★★★

1. 该通知主要关注税收事项，是2016年"4·8新政"时发布的财关税〔2016〕18号的延续。该通知没有废止前述文件，财关税〔2016〕18号在未被改变的范围内继续有效。
2. 单次交易限值和年度交易限值均提高，这是2018年新政调整的重要内容。

48 2018年12月3日，海关总署公告2018年第179号（《关于实时获取跨境电子商务平台企业支付相关原始数据接入有关事宜的公告》）★

该公告旨在落实海关总署公告2018年第165号，实现海关实时获取跨境电商数据。

49 2018年12月10日，海关总署公告2018年第194号（《关于跨境电子商务零售进出口商品有关监管事宜的公告》）★★★

1. 这是继海关总署公告2014年第56号、2016年第26号之后，标志跨境电商海关监管新政的综合性文件。
2. 2014年第56号公告、2016年第26号公告、2018年第194号公告一脉相承，后者分别取代前者。2018年第194号公告成为现行唯一有效的海关总署关于跨境电商零售进出口监管事项的公告，前两个公告已被废止。
3. 该公告重点关注海关监管问题，与商财发〔2018〕486号、财关税〔2018〕49号、13部委局办2018年第157号公告（已被2019年第96号公告取代），共同构成2018年跨境电商监管新政的核心文件。

50 2018年12月29日，海关总署公告2018年第219号（《关于跨境电子商务企业海关注册登记管理有关事宜的公告》）★★

2018年跨境电商监管新政实施后，该公告旨在落实企业注册登记事宜。

51 2019年2月23日，国邮发〔2019〕17号（《国家邮政局 商务部 海关总署关于促进跨境电子商务寄递服务高质量发展的若干意见》）★

1. 该意见中，要求各政府部门要尽快完善自身业务管理系统，明确跨境寄递服务企业传输跨境包裹、商业快件等面单电子数据的内件品名、数量、价格（含币种）、收寄件人名称、进出口国别（地区）等内容，为企业提供网上"一站式"服务，实时掌握跨境寄递服务各环节数据信息。
2. 跨境电商经营者不得与未取得相关行政许可或提供的寄递服务违反法律法规规定的物流企业合作。

52 2019年4月8日，税委会〔2019〕17号（《国务院关税税则委员会关于调整进境物品进口税有关问题的通知》）★★

1. 该通知与2019年实施的国内增值税下调相适应，调整进境物品税税率。
2. 税率由15%、25%、50%下调为13%、20%、50%，体现了税负平衡。

53 2019年4月29日，汇发〔2019〕13号（《国家外汇管理局关于印发〈支付机构外汇业务管理办法〉的通知》）★

1. 为支持跨境电商发展，外汇管理部门发布了该管理办法。
2. 该管理办法同时废止了《国家外汇管理局关于开展支付机构跨境外汇支付业务试点的通知》（汇发〔2015〕7号）。

54 2019年10月26日，国家税务总局公告2019年第36号（《国家税务总局关于跨境电子商务综合试验区零售出口企业所得税核定征收有关问题的公告》）★★

1. 该公告重点在于解决出口跨境电商的所得税问题。
2. 财税〔2018〕103号文明确了增值税、消费税的免税问题，但企业所得税仍是企业合规的隐患。
3. 实践中，由于出口跨境电商在采购环节缺少进项票据，如何核定企业所得成为一个大问题。
4. 该公告的核心是对符合条件的跨境电商出口企业实行核定征收所得税办法，应税所得率为4%，基本解决了企业的后顾之忧。

55 2019年12月15日，国函〔2019〕137号（《国务院关于同意在石家庄等24个城市设立跨境电子商务综合试验区的批复》）★

该批复增加设立了跨境电商综合试验区，跨境电商综合试验区再次扩容，目前全国共计59个跨境电商综合试验区。

56 2019年12月24日，13部委局办公告2019年第96号（《财政部等13个部门关于调整扩大跨境电子商务零售进口商品清单的公告》）★★

2018年跨境电商监管新政实施后，对进口清单再次调整，该公告为目前最新版本。

57 2019年12月27日，海关总署公告2019年第221号（《关于修订市场采购贸易监管办法及其监管方式有关事宜的公告》）★

1. 市场采购（代码1039）监管方式由海关总署公告2014年第54号设立，自2014年7月1日起实施。
2. 该公告取代了海关总署公告2014年第54号。
3. 该公告主要是将海关监管和检验检疫的内容进行了整合。
4. "市场采购"监管方式目前已成为跨境电商出口的一个有效方式。
5. "市场采购"监管方式的基本特点是低值，优势在于手续简便。

58 2019年12月27日，海关总署公告2019年第229号（《关于公布〈海关认证企业标准〉的公告》）★

1. 该公告旨在落实跨境电商领域的海关企业信用管理制度。
2. 该公告主要针对跨境电子商务平台企业。
3. 跨境电商平台企业申请适用海关认证企业管理的，应当同时符合《海关认证企业标准》中的通用标准、进出口货物收发货人和跨境电子商务平台企业单项标准。

59 2019年12月27日，海关总署公告2019年第229号附件1（《海关认证企业标准（高级认证——跨境电子商务平台企业）》）★

专门为跨境电商企业申请AEO高级认证制定了相应的标准。

60 2019年12月27日，海关总署公告2019年第229号附件2（《海关认证企业标准（一般认证——跨境电子商务平台企业）》）★

专门为跨境电商企业申请AEO一般认证制定了相应的标准。

61 2020年2月28日，发改就业〔2020〕293号（《关于促进消费扩容提质加快形成强大国内市场的实施意见》）★

该实施意见对落实跨境电商零售进口商品清单和相关监管政策、降低日用消费品进口关税、加大对非法代购等违法违规行为的惩治力度等方面提出了要求，与跨境电商进口的从业者息息相关。

62 2020年3月27日，海关总署公告2020年第44号（《关于全面推广跨境电子商务出口商品退货监管措施有关事宜的公告》）★★

1. 规范和明确跨境电商出口商品退货监管事宜。
2. 明确了申请退货的主体、可退货的范围。
3. 要求退货企业建立商品流程监控体系，确保退货商品为原商品，并承担法律责任。
4. 一年内退运，是否免征进口税未明确。正常理解应该可以免征进口税。

63 2020年3月28日，海关总署公告2020年第45号（《关于跨境电子商务零售进口商品退货有关监管事宜的公告》）★★

1. 明确可申请退货的主体为跨境电子商务企业境内代理人或其委托的报关企业。
2. 强调可退货商品应为原跨境电商零售进口商品，并承担相关法律责任。
3. 明确规定可以全部或部分退货。
4. 退货商品的相应税款不予征收，并调整消费者个人年度交易累计金额。

64 2020年4月27日，国函〔2020〕47号（《国务院关于同意在雄安新区等46个城市和地区设立跨境电子商务综合试验区的批复》）★★

继国函〔2019〕137号文后，增加设立46个跨境电子商务综合试验区。

65 2020年5月20日，汇发〔2020〕11号（《国家外汇管理局关于支持贸易新业态发展的通知》）★

该通知明确了跨境电商出口业务资金结算的便利化措施，同时还优化了跨境电商相关税费的跨境代垫。

66 2020年6月12日，海关总署公告2020年第75号（《关于开展跨境电子商务企业对企业出口监管试点的公告》）★★

1. 主要针对B2B的出口，实际上是将跨境电商的范围进一步扩大，海关规范适用范围从零售延伸到批发。
2. 增列了两个重要的监管方式代码：9710、9810。
3. 该公告只是提出了海关监管的初步内容。海关监管的核心内容，尤其是涉及税务、外汇、财政等的相关政策的落实还需要进一步明确。

67 2020年8月13日，海关总署公告2020年第92号（《关于扩大跨境电子商务企业对企业出口监管试点范围的公告》）★★

决定进一步扩大跨境电商B2B出口的监管试点范围，在现有试点海关基础上，增加上海、福州、青岛、济南、武汉、长沙、拱北、湛江、南宁、重庆、成都、西安等12个直属海关开展跨境电商B2B出口监管试点。

核心政策解读 >>>>

商务部 发展改革委 财政部 海关总署 税务总局 市场监管总局关于完善跨境电子商务零售进口监管有关工作的通知①

（商财发〔2018〕486号）

为做好跨境电子商务零售进口（以下简称跨境电商零售进口）监管过渡期②后政策衔接，促进跨境电商零售进口健康发展，经国务院同意③，现将过渡期后有关监管安排通知如下：

一、本通知所称跨境电商零售进口，是指中国境内消费者④通过跨境电商第三方平台经营者⑤自境外购买商品⑥，并通过"网购保税进口"（海关监管方式代码1210）或"直购进口"（海关监管方式代码9610）运递进境的消费行为⑦。上述商品应符合以下条件：

（一）属于《跨境电子商务零售进口商品清单》内、限于个人自用并满足跨境电商零售进口税收政策规定的条件。⑧

（二）通过与海关联网的电子商务

① 1. 本通知重在落实跨境电商零售进口的概念、基本要求、相关参与主体及各自的责任，可以看作是《中华人民共和国电子商务法》在跨境电商领域的映射和具体化，尤其是关于企业登记注册的规定、平台企业及电子商务企业的责任划分等内在精神一脉相承。2. 相关管理部门涉及六个部委署局，立足于监管。3. 该通知只针对进口，未包含出口。可见跨境电商进口是监管的重点和难点。4. 通知规范的范围是零售进口，也就是2C，排除一般贸易。

② 这里的过渡期应该是指2016年"4·8新政"出台后，由于业内反响强烈，商务部、海关总署等国务院相关部门几次明确的跨境电商商品推迟适用按照货物监管的政策。整个过渡期可以从"4·8新政"起算一直到2018年底。

③ 该通知在下发之前应该已报请了国务院同意。

④ 跨境电商消费者地理位置在中国境内，是否属于中国公民在所不同，也就是说外国人理论上也可以成为跨境电商消费者。

⑤ 1. 强调的是通过电商经营者之外的第三方平台购买。2. 通过第三方平台经营者，排除了自营可能性。也就是说跨境电子商务平台企业和跨境电子商务企业一定是两个主体，不能合二为一。这与国内的电子商务存在巨大差别。

⑥ 商品一定要来自境外，这是"跨境"的本质所在。

⑦ 1. 本通知规范的跨境电商进口仅限于这两种监管方式进境的商品。2. 符合跨境电商实质，不以1210和9610监管方式进境的，不适用该通知。但并不意味该通知范畴之外不是跨境电商。

⑧ 同时符合三个条件：1. 清单内；2. 个人自用，包括自己使用和馈赠亲友，非贸易用途；3. 在个人购买限值内，可以适用跨境电商综合税。

① 系统对接、三单比对。

② 1.三单比对、系统对接的例外。2.只有快件运营人和邮政企业能做到，普通的运输企业、货代企业不具备资格。快件运营人是一类特殊的海关监管企业，海关注册备案条件要求较高。3.承诺承担相应法律责任。一是要书面承诺；二是相应法律责任应该理解为对传输信息的客观、真实性负责。

③ 1.跨境电商企业一定是境外注册企业。这是2018年底跨境电商监管政策调整的一个重大变化。有人认为，这一调整回归了跨境电商的本质。中国企业（或个人）卖给中国境内消费者境外商品不属于跨境电商。2.笔者对此持不同意见。跨境电商的本质在于"商品跨境"，而非"主体跨境"。中国籍企业具备境外经营权，将其采购的商品以电子商务零售的方式销售给中国境内的消费者，有何不可？过分强调主体跨境，没有必要，也限制了企业的经营。3.货权所有人，此处是相对于跨境电商平台企业而言，强调的是平台企业只提供服务，不具备货物所有权。

④ 1.第三方平台经营者一定要是境内办理工商登记的企业，排除了纯粹在国外网站购物纳入跨境电商官方规范范畴的可能性。2.境外注册的电商平台上销售的商品不能纳入相关部门认可的跨境电商渠道。3.第三方平台经营者提供服务和交易系统，不是交易方。

⑤ 1.境内服务商一定要在境内办理工商登记。2.接受跨境电商企业委托。实践中也存在平台企业委托的情况。3.提供申报、支付、物流、仓储服务。4.具备一定的资质。不同的服务企业要求的资质各不相同。5.直接向海关提供信息。6.接受海关等部门的监管。如配合海关的查验、稽查等。7.承担法律责任。

⑥ 1.跨境电商消费者地理位置在中国境内，是否属于中国公民在所不同，也就是说外国人理论上也可以成为跨境电商消费者。2.强调的是消费者不得进入生产领域和流通领域。3.消费者是否一定是自然人消费者，还是也包括企业法人等组织，未明确，亦未排除。但实践中由于年度购买额度的限制，自然人之外的消费者似乎难以成为跨境电商的消费者。

交易平台交易，能够实现交易、支付、物流电子信息"三单"比对。①

（三）未通过与海关联网的电子商务交易平台交易，但进出境快件运营人、邮政企业能够接受相关电商企业、支付企业的委托，承诺承担相应法律责任，向海关传输交易、支付等电子信息。②

二、跨境电商零售进口主要包括以下参与主体：

（一）跨境电商零售进口经营者（以下简称跨境电商企业）：自境外向境内消费者销售跨境电商零售进口商品的境外注册企业，为商品的货权所有人。③

（二）跨境电商第三方平台经营者（以下简称跨境电商平台）：在境内办理工商登记，为交易双方（消费者和跨境电商企业）提供网页空间、虚拟经营场所、交易规则、交易撮合、信息发布等服务，设立供交易双方独立开展交易活动的信息网络系统的经营者。④

（三）境内服务商：在境内办理工商登记，接受跨境电商企业委托为其提供申报、支付、物流、仓储等服务，具有相应运营资质，直接向海关提供有关支付、物流和仓储信息，接受海关、市场监管等部门后续监管，承担相应责任的主体⑤。

（四）消费者：跨境电商零售进口商品的境内购买人。⑥

三、对跨境电商零售进口商品按

个人自用进境物品监管，不执行有关商品首次进口许可批件、注册或备案要求。但对相关部门明令暂停进口的疫区商品，和对出现重大质量安全风险的商品启动风险应急处置时除外。①

四、按照"政府部门、跨境电商企业、跨境电商平台、境内服务商、消费者各负其责"的原则，明确各方责任，实施有效监管。②

（一）跨境电商企业

1. 承担商品质量安全的主体责任，并按规定履行相关义务。应委托一家在境内办理工商登记的企业，由其在海关办理注册登记，承担如实申报责任，依法接受相关部门监管，并承担民事连带责任。③

2. 承担消费者权益保障责任，包括但不限于商品信息披露、提供商品退换货服务、建立不合格或缺陷商品召回制度、对商品质量侵害消费者权益的赔付责任等。当发现相关商品存在质量安全风险或发生质量安全问题时，应立即停止销售，召回已销售商品并妥善处理，防止其再次流入市场，并及时将召回和处理情况向海关等监管部门报告。④

3. 履行对消费者的提醒告知义务，会同跨境电商平台在商品订购网页或其他醒目位置向消费者提供风险告知书，消费者确认同意后方可下单购买。告知书应至少包含以下内容⑤：

① 1.明确"按"个人自用进境物品监管，不再提"暂按"。2.按个人物品监管的主要内容是不执行有关商品（食品、药品、化妆品等）首次进口许可批件、注册或备案要求。这是与按货物进行监管的最重要的区别。也是"4·8新政"以来政策的摇摆点。3.明确了除外情况。

② 本条是该通知的核心条款。

③ 1.跨境电商企业是商品质量安全责任主体。2.需要委托一家境内企业。也就是我们常说的AB主体。一般来讲，应该是一家关联企业，该关联企业需要在中国境内办理工商登记，且需要办理海关注册登记，该关联企业接受委托如实申报，接受监管，并需承担民事连带责任。3.这一关联企业可否是电商平台企业，通知未明确，未禁止。笔者以为应该可以。类似于国内电商中的自营平台。4.AB主体的设计，源于跨境电商企业一定是境外主体的限定。笔者认为，这一限定实际上是行政管理规范对民事主体权利义务的直接设定，有违民事主体意思自治的本意。结合到前面提到对跨境电商企业为何一定是境外企业的质疑，我们认为对此限定的合理性、合法性都存在讨论的空间。

④ 与国内电商企业责任相同。出现问题的报告部门是海关等监管部门，这一点与国内电商不同。

⑤ 1.这是跨境电商领域特有的规定。2.产品需符合产地标准和要求。3.相关网站可查看中文电子标签。4.相关技术标准和规范与中国存在差异、产品上无中文标签的告知，可有效避免民商事领域电商企业与消费者的纠纷。5.不得再次销售的风险告知，防止跨境电商成为逃避监管、偷逃税款的走私通道。

（1）相关商品符合原产地有关质量、安全、卫生、环保、标识等标准或技术规范要求，但可能与我国标准存在差异。消费者自行承担相关风险。

（2）相关商品直接购自境外，可能无中文标签，消费者可通过网站查看商品中文电子标签。

（3）消费者购买的商品仅限个人自用，不得再次销售。

4. 建立商品质量安全风险防控机制，包括收发货质量管理、库内质量管控、供应商管理等。①

5. 建立健全网购保税进口商品质量追溯体系，追溯信息应至少涵盖国外启运地至国内消费者的完整物流轨迹，鼓励向海外发货人、商品生产商等上游溯源。②

6. 向海关实时传输施加电子签名的跨境电商零售进口交易电子数据，可自行或委托代理人向海关申报清单，并承担相应责任。③

（二）跨境电商平台

1. 平台运营主体应在境内办理工商登记，并按相关规定在海关办理注册登记，接受相关部门监管，配合开展后续管理和执法工作。④

2. 向海关实时传输施加电子签名的跨境电商零售进口交易电子数据，并对交易真实性、消费者身份真实性进行审核，承担相应责任。⑤

① 与国内电商企业相同。

② 1. 有限度的质量追溯。2. 重点关注网购保税进口方式，提出了最低要求。3. 对直购进口的未提出要求。

③ 1. 实时自行传输交易数据。2. 清单申报可以自行或委托代理人申报。

④ 1. 平台运营企业需办理境内工商登记。2. 办理海关注册登记。3. 接受监管，配合执法。如配合海关的稽查核查工作，配合税务部门的稽查核查工作等。

⑤ 1. 是向海关传输交易数据的责任主体。2. 有义务审核消费者身份的真实性。主要是在消费者网站注册环节实名及身份认证。

3. 建立平台内交易规则、交易安全保障、消费者权益保护、不良信息处理等管理制度。对申请入驻平台的跨境电商企业进行主体身份真实性审核，在网站公示主体身份信息和消费者评价、投诉信息，并向监管部门提供平台入驻商家等信息。与申请入驻平台的跨境电商企业签署协议，就商品质量安全主体责任、消费者权益保障以及本通知其他相关要求等方面明确双方责任、权利和义务。①

> ① 与国内电商平台企业的责任相同。

4. 对平台入驻企业既有跨境电商企业，也有国内电商企业的，应建立相互独立的区块或频道为跨境电商企业和国内电商企业提供平台服务，或以明显标识对跨境电商零售进口商品和非跨境商品予以区分，避免误导消费者。②

> ② 1. 国内电商与跨境电商的区分与隔离。2. 在国内电子商务中要求平台自营业务与平台内其他经营者的业务相区分。

5. 建立消费纠纷处理和消费维权自律制度，消费者在平台内购买商品，其合法权益受到损害时，平台须积极协助消费者维护自身合法权益，并履行先行赔付责任。③

> ③ 1. 协助消费者维权方面，与国内电商平台企业责任相同。2. 先行赔付责任方面，跨境电商平台企业承担了更重的责任。3. 如何理解先行赔付，应该是已经确定了消费者权益被损害的前提下，由平台企业对消费者先行赔付，再向加害人追偿。

6. 建立商品质量安全风险防控机制，在网站醒目位置及时发布商品风险监测信息、监管部门发布的预警信息等。督促跨境电商企业加强质量安全风险防控，当商品发生质量安全问题时，敦促跨境电商企业做好商品召回、处理，并做好报告工作。对不采取主动召回处理措施的跨境电商企业，可采取暂停其跨境电商业务的处罚措施。④

> ④ 1. 质量防控方面，平台的责任与国内电商相同。2. 对不采取召回措施的企业实施暂停处罚为跨境电商所特有。由于该通知不具备法律规范性文件地位，授权依据是否充分值得质疑。实践中有可能会引发争议。

7. 建立防止跨境电商零售进口商品虚假交易及二次销售的风险控制体系，加强对短时间内同一购买人、同一支付账户、同一收货地址、同一收件电话反复大量订购，以及盗用他人身份进行订购等非正常交易行为的监控，采取相应措施予以控制。①

8. 根据监管部门要求，对平台内在售商品进行有效管理，及时关闭平台内禁止以跨境电商零售进口形式入境商品的展示及交易页面，并将有关情况报送相关部门。②

（三）境内服务商

1. 在境内办理工商登记，向海关提交相关资质证书并办理注册登记。③其中：提供支付服务的银行机构应具备银保监会或原银监会颁发的《金融许可证》，非银行支付机构应具备人民银行颁发的《支付业务许可证》，支付业务范围应包括"互联网支付"；物流企业应取得国家邮政局颁发的《快递业务经营许可证》。

2. 支付、物流企业应如实向监管部门实时传输施加电子签名的跨境电商零售进口支付、物流电子信息，并对数据真实性承担相应责任。④

3. 报关企业接受跨境电商企业委托向海关申报清单，承担如实申报责任。

4. 物流企业应向海关开放物流实时跟踪信息共享接口，严格按照交易环

① 1. 防止境内二次销售是对跨境电商特有的要求。2. 通知提出了防控的具体要求。3. 平台企业对于预防和控制虚假交易、二次销售需承担主体责任。

② 1. 不得存在相关禁止商品的展示、交易界面。2. 相关商品调整为禁止商品的，平台企业要及时关闭相关页面。3. 禁止商品可以理解为《跨境电子商务零售进口商品清单》外商品。4. 平台企业需对清单及其变化有所了解和掌握。

③ 1. 具备相应资质，并向海关提供。2. 办理海关注册登记。3. 不同类型的企业资质，其要求存在差异。4. 主要包括：支付企业、物流企业、报关企业。

④ 支付信息、物流信息的传输责任主体。

节所制发的物流信息开展跨境电商零售进口商品的国内派送业务。对于发现国内实际派送与通关环节所申报物流信息（包括收件人和地址）不一致的，应终止相关派送业务，并及时向海关报告。①

（四）消费者

1. 为跨境电商零售进口商品税款的纳税义务人。跨境电商平台、物流企业或报关企业为税款代扣代缴义务人，向海关提供税款担保，并承担相应的补税义务及相关法律责任。②

2. 购买前应当认真、详细阅读电商网站上的风险告知书内容，结合自身风险承担能力做出判断，同意告知书内容后方可下单购买。③

3. 对于已购买的跨境电商零售进口商品，不得再次销售。④

（五）政府部门

1. 海关对跨境电商零售进口商品实施质量安全风险监测，在商品销售前按照法律法规实施必要的检疫，并视情发布风险警示。⑤建立跨境电商零售进口商品重大质量安全风险应急处理机制，市场监管部门加大跨境电商零售进口商品召回监管力度，督促跨境电商企业和跨境电商平台消除已销售商品安全隐患，依法实施召回，海关责令相关企业对不合格或存在质量安全问题的商品采取风险消减措施，对尚未销售的按货物实施监管，并依法追究相关经营主体

① 1. 主要是防止企业以跨境电商方式进口一般贸易货物，伪造境内收货人、收货地址，商品进境后再集中收货。2. 物流企业发现相关问题未向海关报告的，要承担法律责任。

② 1. 跨境电商进境商品为个人物品，消费者是纳税义务人。2. 平台企业等相关企业是代扣代缴义务人，有义务向海关提供担保。3. 相应的补税义务由代扣代缴义务人来承担。行政管理部门的强行规定，这一规定的合理性存在质疑。最终应该由消费者来承担。

③ 避免出现因产品质量标准的差异、缺少中文标签等引发的争议。

④ 1. 再次强调消费者不得再次销售。2. 实践中的情况可能比较复杂。假如消费者购买时不存在再次销售的想法。购买后，发现商品不符合自身要求，或由于其他原因转让的。对于偶发性的行为，应该可以认定其合法。

⑤ 对跨境电商商品检验可以按照个人物品的标准进行，但必要的检疫不可或缺。

① 由海关追究销售不合格或存在质量安全问题商品的经营主体法律责任。如何追究，存在疑问。

② 1.专门针对网购保税进口商品。2.海关特殊监管区域外，不允许"网购保税＋线下自提"模式。3."网购保税＋线下自提"模式是指试点将网购保税进口商品在实体体验店进行展示展销，消费者完成线上下单、经过身份验证、跨境支付、三单信息核对、缴纳跨境税等一系列合规购买流程后，可以当场提货或选用其他境内物流方式完成购买的模式。

③ 1.跨境电商相关企业，包括在海关注册登记的电子商务平台企业，电子商务企业及其境内委托企业、物流企业、支付企业等在海关注册登记的企业。2.海关已经制定专门针对跨境电商相关企业信用等级标准。3.根据海关总署公告2019年第229号，跨境电商企业信用管理主要针对跨境电子商务平台企业。4.跨境电商平台企业申请适用海关认证企业管理的，应当同时符合《海关认证企业标准》中的通用标准、进出口货物收发货人和跨境电子商务平台企业单项标准。

④ 1.跨境电商领域常见的违法情形：制造或传输虚假三单、二次销售、盗用额度等。2.法律责任包括行政及刑事法律责任。3.常见的除走私犯罪外，还有侵犯公民个人信息的犯罪。

责任。① 对食品类跨境电商零售进口商品优化完善监管措施，做好质量安全风险防控。

2. 原则上不允许网购保税进口商品在海关特殊监管区域外开展"网购保税＋线下自提"模式。②

3. 将跨境电商零售进口相关企业纳入海关信用管理，根据信用等级不同，实施差异化的通关管理措施。对认定为诚信企业的，依法实施通关便利；对认定为失信企业的，依法实施严格监管措施。将高级认证企业信息和失信企业信息共享至全国信用信息共享平台，通过"信用中国"网站和国家企业信用信息公示系统向社会公示，并依照有关规定实施联合激励与联合惩戒。③

4. 涉嫌走私或违反海关监管规定的跨境电商企业、平台、境内服务商，应配合海关调查，开放交易生产数据（ERP数据）或原始记录数据。

5. 海关对违反本通知规定参与制造或传输虚假"三单"信息、为二次销售提供便利、未尽责审核订购人身份信息真实性等，导致出现个人身份信息或年度购买额度被盗用、进行二次销售及其他违反海关监管规定情况的企业依法进行处罚。④ 对涉嫌走私或违规的，由海关依法处理；构成犯罪的，依法追究刑事责任。对利用其他公民身份信息非法从事跨境电商零售进口业务的，海关按走私违规处理，并按违法利用公民信息的有关法律规定移交相关部门处理。对不涉嫌走私违规、首次发现的，进行约谈或暂停业务责令整改；再次发现的，一定时期内不允许其从事跨境电商零售进口业务，并交由其他行业主管部门按规定实施查处。①

① 轻微违法的处理。

6. 对企业和个体工商户在国内市场销售的《跨境电子商务零售进口商品清单》范围内的、无合法进口证明或相关证明显示采购自跨境电商零售进口渠道的商品，市场监管部门依职责实施查处。②

② 1. 无合法证明标准的扩大化适用。2. 该标准执法机关的证明标准相对较低。3. 该标准原来一般适用在海上等特殊领域走私违法的查处，现扩大至境内销售的跨境电商清单商品。是否合法、合理，实践中存在争议。

五、各试点城市人民政府（平潭综合实验区管委会）作为本地区跨境电商零售进口监管政策试点工作的责任主体，负责本地区试点工作的组织领导、实施推动、综合协调、监督管理及措施保障，确保本地区试点工作顺利推进。试点过程中的重大问题及情况请及时报商务部等有关部门。③

③ 1. 试点地方政府的主体责任。2. 试点城市包括跨境电商试点城市和跨境电商综合试验区所在城市。

六、本通知适用于北京、天津、上海、唐山、呼和浩特、沈阳、大连、长春、哈尔滨、南京、苏州、无锡、杭州、宁波、义乌、合肥、福州、厦门、南昌、青岛、威海、郑州、武汉、长沙、广州、深圳、珠海、东莞、南宁、海口、重庆、成都、贵阳、昆明、西安、兰州、平潭等37个城市（地区）的跨境电商零售进口业务，自2019年1月1日起执行。④非试点城市的

④ 2019 年 12 月 15 日，国务院批准同意在石家庄市、太原市、赤峰市、抚顺市、珲春市、绥芬河市、徐州市、南通市、温州市、绍兴市、芜湖市、福州市、泉州市、赣州市、济南市、烟台市、洛阳市、黄石市、岳阳市、汕头市、佛山市、泸州市、海东市、银川市等 24 个城市设立跨境电子商务综合试验区。

① 1.试点城市网购保税进口和直购进口业务都适用该通知。2.非试点城市直购进口适用该通知。

② 主要是指非试点城市的网购保税业务，按照1239监管方式。

直购进口业务，参照本通知相关规定执行。①

为帮助企业平稳过渡，对尚不满足通知监管要求的企业，允许其在 2019 年 3 月 31 日前继续按过渡期内监管安排执行。本通知适用范围以外且按规定享受跨境电商零售进口税收政策的，继续按《跨境电子商务零售进口商品清单（2018 版）》尾注中的监管要求执行。②

商务部

发展改革委

财政部

海关总署

税务总局

市场监管总局

2018 年 11 月 28 日

关于完善跨境电子商务零售进口税收政策的通知①

（财关税〔2018〕49号）

① 1.该通知主要关注税收事项，由财政部、海关总署、税务总局联合发出。2.该通知是2016年"4·8新政"时发布的财关税〔2016〕18号的延续，该通知没有废止前述文件，财关税〔2016〕18号在未被改变的范围内继续有效。

各省、自治区、直辖市、计划单列市财政厅（局），新疆生产建设兵团财政局，海关总署广东分署、各直属海关，国家税务总局各省、自治区、直辖市、计划单列市税务局，国家税务总局驻各地特派员办事处：

为促进跨境电子商务零售进口行业的健康发展，营造公平竞争的市场环境，现将完善跨境电子商务零售进口税收政策有关事项通知如下：

② 1.单次交易限值和年度交易限值均提高，这是2018年新政调整的重要内容。2.该限值将随着社会发展变化不断调整。

一、将跨境电子商务零售进口商品的单次交易限值由人民币2000元提高至5000元，年度交易限值由人民币20000元提高至26000元。②

二、完税价格超过5000元单次交易限值但低于26000元年度交易限值，且订单下仅一件商品时，可以自跨境电商零售渠道进口，按照货物税率全额征收关税和进口环节增值税、消费税，交易额计入年度交易总额，但年度交易总额超过年度交易限值的，应按一般贸易管理。③

三、已经购买的电商进口商品属于消费者个人使用的最终商品，不得进

③ 1.本条是超出限值的特殊情况处理，需认真研读。2.单一订单超过单次限值，未超年度限值，且订单为单一件商品时，商品可按照跨境电商方式进口，但税收按照货物税征收。3.单一订单超出单次限值，未超年度限值，若订单为非单一件商品时，单次限值内商品可按照跨境电商方式进口。其他商品按照一般贸易管理。4.单一订单超过年度限值（同时也肯定超出单次限值），不论订单为单一件商品或多件商品，均应按一般贸易管理。5.按一般贸易管理意味着税收按照货物税征收，同时需要遵守许可证件、备案等管理规定。6.实践中，存在着大量为了规避单次限值和年度限值调整交易价格的情况。如果为了实现跨境电商渠道进口，商家确实下调了交易价格，这种做法是合法合规的。但如果真实交易价格未变，只是在向海关申报时成交价格调整为限值以下，就涉嫌违法违规，存在被处罚的可能。

① 1.跨境电商进口商品不得再次销售，强调跨境电商商品自用的属性。2.对网购保税进口，可以开展"网购保税＋线下自提"，但必须在海关特殊监管区内，原则上不允许在区外开展。3."网购保税＋线下自提"模式是指试点将网购保税进口商品在实体体验店进行展示展销，消费者完成线上下单，经过身份验证、跨境支付、三单信息核对、缴纳跨境税等一系列合规购买流程后，可以当场提货或选用其他境内物流方式完成购买的模式。4.实践中，大部分的跨境电商体验店设置在海关特殊监管区域范围，但是有部分设置在远离海关特殊监管区域的中心城区。存在利用一般进口商品代替跨境零售进口商品偷逃税的可能。5.跨境电商如何在"原则以外"申请在海关特殊监管区域外开展"网购保税＋线下自提"需要进一步的细则。

② 财关税〔2016〕18号文继续有效。

③ 清单及其调整的文件依据。

入国内市场再次销售；原则上不允许网购保税进口商品在海关特殊监管区域外开展"网购保税＋线下自提"模式。①

四、其他事项请继续按照《财政部　海关总署　税务总局关于跨境电子商务零售进口税收政策的通知》（财关税〔2016〕18号）有关规定执行。②

五、为适应跨境电商发展，财政部会同有关部门对《跨境电子商务零售进口商品清单》进行了调整，将另行公布。③

本通知自2019年1月1日起执行。

特此通知。

财政部

海关总署

税务总局

2018年11月29日

财政部　海关总署　国家税务总局
关于跨境电子商务零售进口税收政策
的通知①

（财关税〔2016〕18号）

> ① 1. 2016年"4·8新政"核心文件之一，目前仍有效。2. 就税收问题进行规定是2016年"4·8新政"的首创。3. 引入了跨境电商综合税的概念。

各省、自治区、直辖市、计划单列市财政厅（局）、国家税务局，新疆生产建设兵团财务局，海关总署广东分署、各直属海关：

为营造公平竞争的市场环境，促进跨境电子商务零售进口健康发展，经国务院批准，现将跨境电子商务零售（企业对消费者，即B2C）②进口税收政策有关事项通知如下：

> ② 规范对象是：1. 零售进口，不含2B模式。2. 企业对消费者，不含C2C模式。

一、跨境电子商务零售进口商品按照货物征收关税和进口环节增值税、消费税，购买跨境电子商务零售进口商品的个人作为纳税义务人，实际交易价格（包括货物零售价格、运费和保险费）作为完税价格，电子商务企业、电子商务交易平台企业或物流企业可作为代收代缴义务人。③

> ③ 1. 按货物征收税款。2. 消费者是纳税义务人。3. 完税价格是CIF（货价＋运费＋保险费）。4. 明确了代收代缴义务人。5. 2016年"4·8新政"以来，尤其是2018年新政以来明确的跨境电商商品按个人物品监管与按货物征收税款的逻辑矛盾一直未解决。跨境电商商品到底是货物还是个人物品，愈加混乱。

二、跨境电子商务零售进口税收政策适用于从其他国家或地区进口的、《跨境电子商务零售进口商品清单》范围内的以下商品：④

（一）所有通过与海关联网的电子商务交易平台交易，能够实现交易、支

> ④ 1. 适用范围和条件。2. 已被商财发〔2018〕486号所取代，内容基本一致。

付、物流电子信息"三单"比对的跨境电子商务零售进口商品；

（二）未通过与海关联网的电子商务交易平台交易，但快递、邮政企业能够统一提供交易、支付、物流等电子信息，并承诺承担相应法律责任进境的跨境电子商务零售进口商品。①

不属于跨境电子商务零售进口的个人物品以及无法提供交易、支付、物流等电子信息的跨境电子商务零售进口商品，按现行规定执行。②

三、跨境电子商务零售进口商品的单次交易限值为人民币2000元，个人年度交易限值为人民币20000元。在限值以内进口的跨境电子商务零售进口商品，关税税率暂设为0%；进口环节增值税、消费税取消免征税额，暂按法定应纳税额的70%征收。超过单次限值、累加后超过个人年度限值的单次交易，以及完税价格超过2000元限值的单个不可分割商品，均按照一般贸易方式全额征税。③

四、跨境电子商务零售进口商品自海关放行之日起30日内退货的，可申请退税，并相应调整个人年度交易总额。④

五、跨境电子商务零售进口商品购买人（订购人）的身份信息应进行认证；未进行认证的，购买人（订购人）身份信息应与付款人一致。⑤

① 根据商财发〔2018〕486号，此处的"快递企业"已被限定为"进出境快件运营人"，范围收窄，要求提高。

② 本条规定非常关键，但非常模糊，也非常容易出现误解和分歧，当然很多情况下该条款还被忽视。1.首先要明确的是，该条款规范的是不符合本条前款规定的实现系统对接的情形该如何处理。2.具体情形包括不属于跨境电商的个人物品，以及属于跨境电商但无法提供三单信息的情形。3."现行规定"何指，不明确。按个人物品邮递进境还是以一般贸易方式申报进口？我们理解此处的"现行规定"应该是"4·8新政"前的规定，即按个人物品监管执行。

③ 1.跨境电商购买限值和跨境电商综合税的首次明确。2.限值部分，已被财关税〔2018〕49号文所调整和取代。3.跨境电商综合税及计算办法，还在继续沿用。4.超出限值特殊情况处理，已被财关税〔2018〕49号文细化，以后者为准。

④ 1.可退货。2.退货可退税。3.退税可相应调整年度限值。

⑤ 1.购买人身份信息需认证。2.未认证的，订购人与付款人身份信息要一致。3.根据商财发〔2018〕486号，对消费者身份信息进行核实是跨境电商平台企业的责任。

六、《跨境电子商务零售进口商
品清单》将由财政部商有关部门另行
公布。

七、本通知自 2016 年 4 月 8 日起
执行。

特此通知。

财政部
海关总署
国家税务总局
2016 年 3 月 24 日

① 1. 这是继海关总署 2014 年第 56 号公告、2016 年第 26 号公告之后，标志跨境电商海关监管新政的综合性文件。2. 2014 年第 56 号公告、2016 年第 26 号公告、2018 年第 194 号公告一脉相承，后者取代前者，2018 年第 194 号公告成为现行唯一有效的海关总署关于跨境电商零售进出口监管事项的公告，前两个公告已被废止。3. 该公告重点关注海关监管问题，与商财发〔2018〕486 号、财关税〔2018〕49 号、财政部等 13 部委局办公告 2018 年第 157 号（已被 2019 年第 96 号公告取代），共同构成 2018 年跨境电商监管新政的核心文件。

② 1. 2016 年"4·8 新政"核心文件之一，目前仍有效。2. 就税收问题进行规定是 2016 年"4·8 新政"的首创。3. 引入了跨境电商综合税的概念。

关于跨境电子商务零售进出口商品有关监管事宜的公告①

（海关总署公告 2018 年第 194 号）

为做好跨境电子商务零售进出口商品监管工作，促进跨境电子商务健康有序发展，根据《中华人民共和国海关法》《中华人民共和国进出境动植物检疫法》《中华人民共和国进出口商品检验法》《中华人民共和国电子商务法》等法律法规和《商务部 发展改革委 财政部 海关总署 税务总局 市场监管总局关于完善跨境电子商务零售进口监管有关工作的通知》（商财发〔2018〕486 号）等国家有关跨境电子商务零售进出口相关政策规定，现就海关监管事宜公告如下：

一、适用范围

（一）跨境电子商务企业、消费者（订购人）通过跨境电子商务交易平台实现零售进出口商品交易，并根据海关要求传输相关交易电子数据的，按照本公告接受海关监管。②

二、企业管理

（二）跨境电子商务平台企业、物流企业、支付企业等参与跨境电子商务零售进口业务的企业，应当依据海关报关单位注册登记管理相关规定，向所在地海关办理注册登记；境外跨境电子商务企业应委托境内代理人（以下称跨境电子商务企业境内代理人）向该代理人所在地海关办理注册登记。

跨境电子商务企业、物流企业等参与跨境电子商务零售出口业务的企业，应当向所在地海关办理信息登记；如需办理报关业务，向所在地海关办理注册登记。①

物流企业应获得国家邮政管理部门颁发的《快递业务经营许可证》。直购进口模式下，物流企业应为邮政企业或者已向海关办理代理报关登记手续的进出境快件运营人。②

支付企业为银行机构的，应具备银保监会或者原银监会颁发的《金融许可证》；支付企业为非银行支付机构的，应具备中国人民银行颁发的《支付业务许可证》，支付业务范围应当包括"互联网支付"。③

（三）参与跨境电子商务零售进出口业务并在海关注册登记的企业，纳入海关信用管理，海关根据信用等级实施差异化的通关管理措施。④

三、通关管理

（四）对跨境电子商务直购进口商品及适用"网购保税进口"（监管方式代码1210）进口政策的商品，按照个人自用进境物品监管，不执行有关商品首次进口许可批件、注册或备案要求。

① 1. 登记分为注册登记和信息登记两种。前者较为正规，有严格的规范依据；后者较为简单，缺乏规范。2. 注册登记，实际为报关单位注册登记。参与进口的跨境电商平台企业、物流企业、支付企业、跨境电子商务企业均需办理注册登记。其中跨境电子商务企业通过其境内代理人办理。3. 信息登记，参与出口的电子商务企业、物流企业需办理信息登记。如需办理报关的，办理注册登记。4. 注册登记海关为相关企业所在地海关。

② 1. 参与跨境电商的物流企业需要取得特殊资质，不是普通的注册为物流经营的企业。2. 基本要求是取得《快递业务经营许可证》。3. 从事跨境直购模式下的物流服务，除邮政企业外的其他物流企业还需是办理了报关注册登记手续的进出境快件运营人。

③ 关于参与跨境电商服务的支付机构的资质限定。

④ 1. 跨境电商相关企业，包括在海关注册登记的电子商务平台企业、电子商务企业及其境内委托企业、物流企业、支付企业等在海关注册登记的企业。2. 海关已经制定专门针对跨境电商相关企业信用等级标准。3. 根据海关总署公告2019年第229号，目前的跨境电商企业信用管理主要针对跨境电子商务平台企业。4. 跨境电商平台企业申请适用海关认证企业管理的，应当同时符合《海关认证企业标准》中的通用标准、进出口货物收发人和跨境电子商务平台企业单项标准。

① 与商财发〔2018〕486号文一致：1.明确"按"个人自用进境物品监管，不再提"暂按"。2.按个人物品监管的主要内容是不执行有关商品（食品、药品、化妆品等）首次进口许可批件、注册或备案要求。这是与按货物进行监管的最重要的区别。也是2016年"4·8新政"以来政策的摇摆点。3.明确了除外情况。

② 1.根据海关总署公告2016年第75号，监管方式代码"1239"，全称"保税跨境贸易电子商务A"，简称"保税电商A"。适用于境内电子商务企业通过海关特殊监管区域或保税物流中心（B型）一线进境的跨境电子商务零售进口商品。适用于非跨境电商试点城市（非跨境电商综合试验区）。2.根据尾注，以1239方式申报进境：（1）跨境电子商务零售进口商品清单中商品免于向海关提交许可证件；直购商品按照个人物品监管要求执行，网购保税商品"一线"进区时需按货物监管要求执行，"二线"出区时参照个人物品监管要求执行。（2）依法需要执行首次进口许可批件、注册或备案要求的化妆品、婴幼儿配方奶粉、药品、医疗器械、特殊食品（包括保健食品、特殊医学用途配方食品等）等，按照国家相关法律法规的规定执行。也就是说，仍然需要办理许可批件注册或备案。

③ 商品检验有所简化，但检疫必不可少。

④ 明确：1.三单信息的传输责任主体。2.传输方式。3.法律责任。

⑤ 仅限直购模式下，仅限邮政企业、快件运营人可以接受委托办理信息传输。

但对相关部门明令暂停进口的疫区商品和对出现重大质量安全风险的商品启动风险应急处置时除外。①

适用"网购保税进口A"（监管方式代码1239）进口政策的商品，按《跨境电子商务零售进口商品清单（2018版）》尾注中的监管要求执行。②

（五）海关对跨境电子商务零售进出口商品及其装载容器、包装物按照相关法律法规实施检疫，并根据相关规定实施必要的监管措施。③

（六）跨境电子商务零售进口商品申报前，跨境电子商务平台企业或跨境电子商务企业境内代理人、支付企业、物流企业应当分别通过国际贸易"单一窗口"或跨境电子商务通关服务平台向海关传输交易、支付、物流等电子信息，并对数据真实性承担相应责任。④

直购进口模式下，邮政企业、进出境快件运营人可以接受跨境电子商务平台企业或跨境电子商务企业境内代理人、支付企业的委托，在承诺承担相应法律责任的前提下，向海关传输交易、支付等电子信息。⑤

（七）跨境电子商务零售出口商品申报前，跨境电子商务企业或其代理人、物流企业应当分别通过国际贸易"单一窗口"或跨境电子商务通关服务平台向海关传输交易、收款、物流等电子信息，并对数据真实性承担相应法律责任。①

（八）跨境电子商务零售商品进口时，跨境电子商务企业境内代理人或其委托的报关企业应提交《中华人民共和国海关跨境电子商务零售进出口商品申报清单》（以下简称《申报清单》），采取"清单核放"方式办理报关手续。②

跨境电子商务零售商品出口时，跨境电子商务企业或其代理人应提交《申报清单》，采取"清单核放、汇总申报"方式办理报关手续；跨境电子商务综合试验区内符合条件的跨境电子商务零售商品出口，可采取"清单核放、汇总统计"方式办理报关手续。

《申报清单》与《中华人民共和国海关进（出）口货物报关单》具有同等法律效力。

按照上述第（六）至（八）条要求传输、提交的电子信息应施加电子签名。

（九）开展跨境电子商务零售进口业务的跨境电子商务平台企业、跨境电子商务企业境内代理人应对交易真实性和消费者（订购人）身份信息真实性进行审核，并承担相应责任；身份信息未经国家主管部门或其授权的机构认证的，订购人与支付人应当为同一人。③

① 明确跨境电商出口的信息传输责任主体、传输方式、法律责任。

② 集中基本的申报方式：1.跨境电商进口：清单核放；2.跨境电商出口：清单核放、汇总申报；3.跨境电商综合试验区内出口符合条件的：清单核放、汇总统计。

③ 与商财发〔2018〕486号文的规定略有出入，该文件把核实交易真实性和消费者身份真实性的责任赋予电商平台企业。

（十）跨境电子商务零售商品出口后，跨境电子商务企业或其代理人应当于每月 15 日前（当月 15 日是法定节假日或者法定休息日的，顺延至其后的第一个工作日），将上月结关的《申报清单》依据清单表头同一收发货人、同一运输方式、同一生产销售单位、同一运抵国、同一出境关别，以及清单表体同一最终目的国、同一 10 位海关商品编码、同一币制的规则进行归并，汇总形成《中华人民共和国海关出口货物报关单》向海关申报。

允许以"清单核放、汇总统计"方式办理报关手续的，不再汇总形成《中华人民共和国海关出口货物报关单》。①

（十一）《申报清单》的修改或者撤销，参照海关《中华人民共和国海关进（出）口货物报关单》修改或者撤销有关规定办理。

除特殊情况外，《申报清单》《中华人民共和国海关进（出）口货物报关单》应当采取通关无纸化作业方式进行申报。②

四、税收征管

（十二）对跨境电子商务零售进口商品，海关按照国家关于跨境电子商务零售进口税收政策征收关税和进口环节增值税、消费税，完税价格为实际交易价格，包括商品零售价格、运费和保险费。③

① 跨境电商出口有可能涉及退税问题，税务部门对出口报关单有要求。

② 申报清单修改、撤销、无纸化等问题与普通报关单的处理要求相同。

③ 1.明确执行跨境电商综合税。2.明确了适用类似于国际货物贸易术语的 CIF 为完税价格。

（十三）跨境电子商务零售进口商品消费者（订购人）为纳税义务人。在海关注册登记的跨境电子商务平台企业、物流企业或申报企业作为税款的代收代缴义务人，代为履行纳税义务，并承担相应的补税义务及相关法律责任。①

> ① 明确：1.消费者为纳税义务人。2.平台企业、物流企业、申报企业为代收代缴义务人。3.代收代缴义务人承担相应的补税义务和相关法律责任。

（十四）代收代缴义务人应当如实、准确向海关申报跨境电子商务零售进口商品的商品名称、规格型号、税则号列、实际交易价格及相关费用等税收征管要素。②

> ② 明确代收代缴义务人是实际申报人，具有如实申报的义务。

跨境电子商务零售进口商品的申报币制为人民币。

（十五）为审核确定跨境电子商务零售进口商品的归类、完税价格等，海关可以要求代收代缴义务人按照有关规定进行补充申报。

（十六）海关对符合监管规定的跨境电子商务零售进口商品按时段汇总计征税款，代收代缴义务人应当依法向海关提交足额有效的税款担保。③

> ③ 可以适用汇总征税。

海关放行后30日内未发生退货或修撤单的，代收代缴义务人在放行后第31日至第45日内向海关办理纳税手续。④

> ④ 明确了纳税时限。

五、场所管理

（十七）跨境电子商务零售进出口商品监管作业场所必须符合海关相关规定。跨境电子商务监管作业场所经营人、仓储企业应当建立符合海关监管要求的计算机管理系统，并按照海关要求交换电子数据。其中开展跨境电子商务直购进口或一般出口业务的监管作业场所应按照快递类或者邮递类海关监管作业场所规范设置。①

> ① 1. 场所经营人、仓储企业也是跨境电商的一类参与主体，容易被忽视。2. 场所有特殊要求。

（十八）跨境电子商务网购保税进口业务应当在海关特殊监管区域或保税物流中心（B型）内开展。除另有规定外，参照本公告规定监管。

六、检疫、查验和物流管理

（十九）对需在进境口岸实施的检疫及检疫处理工作，应在完成后方可运至跨境电子商务监管作业场所。

（二十）网购保税进口业务：一线入区时以报关单方式进行申报，海关可以采取视频监控、联网核查、实地巡查、库存核对等方式加强对网购保税进口商品的实货监管。②

> ② 对网购保税：1. 一线入区报关单申报；2. 海关监管手段多样化。

（二十一）海关实施查验时，跨境电子商务企业或其代理人、跨境电子商务监管作业场所经营人、仓储企业应当按照有关规定提供便利，配合海关查验。③

> ③ 三类人具有配合查验的义务。

（二十二）跨境电子商务零售进出口商品可采用"跨境电商"模式进行转关。其中，跨境电子商务综合试验区所在地海关可将转关商品品名以总运单形式录入"跨境电子商务商品一批"，并需随附转关商品详细电子清单。④

> ④ 1. 跨境电商商品可转关。2. 跨境电商综合试验区转关手续可简化。

（二十三）网购保税进口商品可在海关特殊监管区域或保税物流中心（B

型）间流转，按有关规定办理流转手续。以"网购保税进口"（监管方式代码 1210）海关监管方式进境的商品，不得转入适用"网购保税进口 A"（监管方式代码 1239）的城市继续开展跨境电子商务零售进口业务。网购保税进口商品可在同一区域（中心）内的企业间进行流转。①

① 1.特殊区域和场所间使用流转手续，不是转关。2. 1210 监管方式进境商品不得流转到 1239。3. 同一区域（中心）内企业间，网购保税进口商品可流转。

七、退货管理

（二十四）在跨境电子商务零售进口模式下，允许跨境电子商务企业境内代理人或其委托的报关企业申请退货，退回的商品应当符合二次销售要求并在海关放行之日起 30 日内以原状运抵原监管作业场所，相应税款不予征收，并调整个人年度交易累计金额。②

② 1.进口可退货。2.退货要求退回的商品符合二次销售要求，该标准在实践中难以把握。一般认定为尚未实际使用，商品价值未贬损。3.要求海关放行之日起 30 日内原状退回原监管场所。4.退货导致原相应税款不征收。5.退货还将导致个人年度限值的恢复调整。

在跨境电子商务零售出口模式下，退回的商品按照有关规定办理有关手续。

（二十五）对超过保质期或有效期、商品或包装损毁、不符合我国有关监管政策等不适合境内销售的跨境电子商务零售进口商品，以及海关责令退运的跨境电子商务零售进口商品，按照有关规定退运出境或销毁。③

③ 有关退运或销毁的规定。不要与退货混淆。有可能在一线进口后尚未销售直接发生退运或销毁情况。在实践中，有些退运或销毁也可能是由于退货引起的。

八、其他事项

（二十六）④ 从事跨境电子商务零售进出口业务的企业应向海关实时传输真实的业务相关电子数据和电子信息，并开放物流实时跟踪等信息共享接口，加强对海关风险防控方面的信息和数据

④ 第二十六、二十七条关于质量安全防控、防止虚假交易、二次销售、质量溯源等规定，与商财发〔2018〕486 号文的规定基本一致。

支持，配合海关进行有效管理。

跨境电子商务企业及其代理人、跨境电子商务平台企业应建立商品质量安全等风险防控机制，加强对商品质量安全以及虚假交易、二次销售等非正常交易行为的监控，并采取相应处置措施。

跨境电子商务企业不得进出口涉及危害口岸公共卫生安全、生物安全、进出口食品和商品安全、侵犯知识产权的商品以及其他禁限商品，同时应当建立健全商品溯源机制并承担质量安全主体责任。鼓励跨境电子商务平台企业建立并完善进出口商品安全自律监管体系。

消费者（订购人）对于已购买的跨境电子商务零售进口商品不得再次销售。

（二十七）海关对跨境电子商务零售进口商品实施质量安全风险监测，责令相关企业对不合格或存在质量安全问题的商品采取风险消减措施，对尚未销售的按货物实施监管，并依法追究相关经营主体责任；对监测发现的质量安全高风险商品发布风险警示并采取相应管控措施。海关对跨境电子商务零售进口商品在商品销售前按照法律法规实施必要的检疫，并视情发布风险警示。

（二十八）跨境电子商务平台企业、跨境电子商务企业或其代理人、物流企业、跨境电子商务监管作业场所经营人、仓储企业发现涉嫌违规或走私行为的，应当及时主动告知海关。①

（二十九）②涉嫌走私或违反海关监管规定的参与跨境电子商务业务的企业，应配合海关调查，开放交易生产数据或原始记录数据。

海关对违反本公告，参与制造或传输虚假交易、支付、物流"三单"信息、为二次销售提供便利、未尽责审核消费者（订购人）身份信息真实性等，导致出现个人身份信息或年度购买额度被盗用、进行二次销售及其他违反海关监管规定情况的企业依法进行处罚。对涉嫌走私或违规的，由海关依法处理；构成犯罪的，依法追究刑事责任。对利用其他公民身份信息非法从事跨境电子商务零售进口业务的，海关按走私违规处理，并按违法利用公民信息的有关法律规定移交相关部门处理。对不涉嫌走私违规、首次发现的，进行约谈或暂停业务责令整改；再次发现的，一定时期内不允许其从事跨境电子商务零售进口业务，并交由其他行业主管部门按规定实施查处。

（三十）在海关注册登记的跨境电子商务企业及其境内代理人、跨境电子商务平台企业、支付企业、物流企业等应当接受海关稽核查。③

（三十一）本公告有关用语的含义：

"跨境电子商务企业"是指自境外向境内消费者销售跨境电子商务零售进

① 跨境电商参与主体发现违法行为时具有主动报告义务。

② 本条关于违法配合调查、相关法律责任追究的规定与商财发〔2018〕486号文一致。

③ 1.跨境电商领域适用海关稽查。2.按照该条文表述，海关稽查适用于在海关注册登记的各类跨境电商的参与主体。3.实践中，海关稽查应该可以扩大适用到未在海关注册登记的参与跨境电商的主体，如进行了信息登记的主体。

① 1. 此处的所有权是相对于平台企业来说。即，商品所有权属于跨境电商企业，不属于平台企业。2. 此处所有权是指交易前的所有权。跨境电商交易完成后所有权当然属于消费者。

② 2018 年跨境电商新政创立的 AB 主体。国内代理人主要责任和义务包括：办理海关注册登记；如实申报；接受监管；承担连带民事责任。

③ 1. 平台企业必须在境内办理工商登记。2. 平台企业提供服务和交易系统。

④ 1. 支付企业必须在境内注册。2. 支付企业受平台企业或跨境电商企业境内代理人的委托。

⑤ 1. 物流企业必须在境内注册。2. 物流企业接受平台企业、跨境电商企业或其代理人委托。

⑥ 1. 中国境内自然人，包括中国公民和外国公民。2. 没有排除法人或其他组织作为购买人。但涉及身份审核和年度限值控制，法人或其他组织作为购买人不具有可操作性。3. 本公告中的"消费者"概念实际上宽于海关总署公告 2014 年第 56 号中"个人"的概念。

口商品的境外注册企业（不包括在海关特殊监管区域或保税物流中心内注册的企业），或者境内向境外消费者销售跨境电子商务零售出口商品的企业，为商品的货权所有人。①

"跨境电子商务企业境内代理人"是指开展跨境电子商务零售进口业务的境外注册企业所委托的境内代理企业，由其在海关办理注册登记，承担如实申报责任，依法接受相关部门监管，并承担民事责任。②

"跨境电子商务平台企业"是指在境内办理工商登记，为交易双方（消费者和跨境电子商务企业）提供网页空间、虚拟经营场所、交易规则、信息发布等服务，设立供交易双方独立开展交易活动的信息网络系统的经营者。③

"支付企业"是指在境内办理工商登记，接受跨境电子商务平台企业或跨境电子商务企业境内代理人委托为其提供跨境电子商务零售进口支付服务的银行、非银行支付机构以及银联等。④

"物流企业"是指在境内办理工商登记，接受跨境电子商务平台企业、跨境电子商务企业或其代理人委托为其提供跨境电子商务零售进出口物流服务的企业。⑤

"消费者（订购人）"是指跨境电子商务零售进口商品的境内购买人。⑥

"国际贸易'单一窗口'"是指由国务院口岸工作部际联席会议统筹推进，依托电子口岸公共平台建设的一站式贸易服务平台。申报人（包括参与跨境电子商务的企业）通过"单一窗口"向海关等口岸管理相关部门一次性申报，口岸管理相关部门通过电子口岸平台共享信息数据、实施职能管理，将执法结果通过"单一窗口"反馈申报人。

"跨境电子商务通关服务平台"是指由电子口岸搭建，实现企业、海关以及相关管理部门之间数据交换与信息共享的平台。

适用"网购保税进口"（监管方式代码 1210）进口政策的城市：天津、上海、重庆、大连、杭州、宁波、青岛、广州、深圳、成都、苏州、合肥、福州、郑州、平潭、北京、呼和浩特、沈阳、长春、哈尔滨、南京、南昌、武汉、长沙、南宁、海口、贵阳、昆明、西安、兰州、厦门、唐山、无锡、威海、珠海、东莞、义乌等 37 个城市（地区）。①

① 2019 年 12 月 15 日，国务院批准同意在石家庄市、太原市、赤峰市、抚顺市、珲春市、绥芬河市、徐州市、南通市、温州市、绍兴市、芜湖市、福州市、泉州市、赣州市、济南市、烟台市、洛阳市、黄石市、岳阳市、汕头市、佛山市、泸州市、海东市、银川市等 24 个城市设立跨境电子商务综合试验区。

（三十二）本公告自 2019 年 1 月 1 日起施行，施行时间以海关接受《申报清单》申报时间为准，未尽事宜按海关有关规定办理。海关总署公告 2016 年第 26 号同时废止。

境内跨境电子商务企业已签订销

售合同的，其跨境电子商务零售进口业务的开展可延长至 2019 年 3 月 31 日。

特此公告。

海关总署

2018 年 12 月 10 日

关于跨境贸易电子商务进出境货物、物品有关监管事宜的公告①
（海关总署公告 2014 年第 56 号）

为做好跨境贸易电子商务（以下简称电子商务）进出境货物、物品监管工作，促进电子商务健康发展，现就电子商务进出境货物、物品监管问题公告如下：

一、监管要求

（一）电子商务企业或个人通过经海关认可并且与海关联网的电子商务交易平台实现跨境交易进出境货物、物品的，按照本公告接受海关监管。②

（二）电子商务企业应提交《中华人民共和国海关跨境贸易电子商务进出境货物申报清单》（以下简称《货物清单》，式样见附件 1），采取"清单核放、汇总申报"方式办理电子商务进出境货物报关手续；个人应提交《中华人民共和国海关跨境贸易电子商务进出境物品申报清单》（以下简称《物品清单》，式样见附件 2），采取"清单核放"方式办理电子商务进出境物品报关手续。③

《货物清单》《物品清单》与《进出口货物报关单》等具有同等法律效力。

（三）存放电子商务进出境货物、

① 1.第一个关于跨境电商监管的综合性海关监管文件，开创了跨境电商监管政策新纪元，2014 年成为跨境电商监管元年。2.本公告被海关总署公告 2016 年第 26 号取代，后者又被海关总署公告 2018 年第 194 号取代；三者精神一脉相承，构成了跨境电商监管政策发展框架。3.根据本公告，跨境电商商品可以由企业按照货物来申报，也可以由个人（可以委托企业）按个人物品来申报。实践中，绝大部分都是按个人物品来申报的。4.本公告及当时的国家监管政策造就了跨境电商的一时繁荣，也埋下了与一般贸易监管政策失衡的隐患并导致 2016 年"4·8 新政"的剧烈转向。

② 平台对接，早在海关总署公告 2014 年第 56 号就成为纳入海关监管模式的必要条件。

③ 企业申报和个人申报适用的监管方式不同。可见，本公告对跨境电商商品性质认定采取了因申报主体不同而不同的认定标准。

物品的海关监管场所的经营人，应向海关办理开展电子商务业务的备案手续，并接受海关监管。未办理备案手续的，不得开展电子商务业务。①

① 强调仓储企业、经营场所经营人的备案，这里的备案不等同于现行政策规定的注册或者登记。

（四）电子商务企业或个人、支付企业、海关监管场所经营人、物流企业等，应按照规定通过电子商务通关服务平台适时向电子商务通关管理平台传送交易、支付、仓储和物流等数据。②

② 1. 规定了数据传输义务。2. 本公告所说的数据传输，除常说的"三单"外，还包含了仓储。3. 个人也是传输数据义务主体，源于当时的跨境电商的经营主体包括个人、个体工商户。

二、企业注册登记及备案管理

（五）开展电子商务业务的企业，如需向海关办理报关业务，应按照海关对报关单位注册登记管理的相关规定，在海关办理注册登记。③

③ 1. 关于注册登记的规定。2. 只有需要报关的才需要注册登记。

上述企业需要变更注册登记信息、注销的，应按照注册登记管理的相关规定办理。

（六）开展电子商务业务的海关监管场所经营人应建立完善的电子仓储管理系统，将电子仓储管理系统的底账数据通过电子商务通关服务平台与海关联网对接；电子商务交易平台应将平台交易电子底账数据通过电子商务通关服务平台与海关联网对接；电子商务企业、支付企业、物流企业应将电子商务进出境货物、物品交易原始数据通过电子商务通关服务平台与海关联网对接。④

④ 关于数据传输的规定，本公告更为强调仓储数据的传输，源于当时跨境电商监管的主要方式和风险都是在海关特殊监管区域和场所开展保税电商的方式。

（七）电子商务企业应将电子商务进出境货物、物品信息提前向海关备案，货物、物品信息应包括海关认可的货物 10

位海关商品编码及物品 8 位税号。①

三、电子商务进出境货物、物品通关管理

（八）电子商务企业或个人、支付企业、物流企业应在电子商务进出境货物、物品申报前，分别向海关提交订单、支付、物流等信息。

（九）电子商务企业或其代理人应在运载电子商务进境货物的运输工具申报进境之日起 14 日内，电子商务出境货物运抵海关监管场所后、装货 24 小时前，按照已向海关发送的订单、支付、物流等信息，如实填制《货物清单》，逐票办理货物通关手续。个人进出境物品，应由本人或其代理人如实填制《物品清单》，逐票办理物品通关手续。②

除特殊情况外，《货物清单》《物品清单》《进出口货物报关单》应采取通关无纸化作业方式进行申报。

（十）电子商务企业或其代理人应于每月 10 日前（当月 10 日是法定节假日或者法定休息日的，顺延至其后的第一个工作日，第 12 月的清单汇总应于当月最后一个工作日前完成。），将上月结关的《货物清单》依据清单表头同一经营单位、同一运输方式、同一启运国 / 运抵国、同一进出境口岸，以及清单表体同一 10 位海关商品编码、同一申报计量单位、同一法定计量单位、同一币制规则进行归并，按照进、出境分别汇总形

① 跨境电商商品需提前备案，目前实践中亦存在相同的操作和要求。

② 1. 跨境电子商务企业或个人分别按照货物或物品申报。2. 可委托代理人。3. 当时的实践绝大多数都是以个人的名义，由代理人代为申报的方式，填报《物品清单》。

成《进出口货物报关单》向海关申报。

电子商务企业或其代理人未能按规定将《货物清单》汇总形成《进出口货物报关单》向海关申报的，海关将不再接受相关企业以"清单核放、汇总申报"方式办理电子商务进出境货物报关手续，直至其完成相应汇总申报工作。

（十一）电子商务企业在以《货物清单》方式办理申报手续时，应按照一般进出口货物有关规定办理征免税手续，并提交相关许可证件；在汇总形成《进出口货物报关单》向海关申报时，无需再次办理相关征免税手续及提交许可证件。

个人在以《物品清单》方式办理申报手续时，应按照进出境个人邮递物品有关规定办理征免税手续，属于进出境管制的物品，需提交相关部门的批准文件。①

> ① 1.企业申报为货物、个人申报为物品适用不同的监管条件。2.当时的实践是出口以企业的名义申报成货物，进境以个人的名义申报成物品。

（十二）电子商务企业或个人修改或者撤销《货物清单》《物品清单》，应参照现行海关进出口货物报关单修改或者撤销等有关规定办理，其中《货物清单》修改或者撤销后，对应的《进出口货物报关单》也应做相应修改或者撤销。

（十三）《进出口货物报关单》上的"进出口日期"以海关接受《进出口货物报关单》申报的日期为准。

（十四）电子商务进出境货物、物品放行后，电子商务企业应按有关规定接受海关开展后续监管。①

四、电子商务进出境货物、物品物流监控

（十五）电子商务进出境货物、物品的查验、放行均应在海关监管场所内完成。

（十六）海关监管场所经营人应通过已建立的电子仓储管理系统，对电子商务进出境货物、物品进行管理，并于每月10日前（当月10日是法定节假日或者法定休息日的，顺延至其后的第一个工作日）向海关传送上月进出海关监管场所的电子商务货物、物品总单和明细单等数据。

（十七）海关按规定对电子商务进出境货物、物品进行风险布控和查验。海关实施查验时，电子商务企业、个人、海关监管场所经营人应按照现行海关进出口货物查验等有关规定提供便利，电子商务企业或个人应到场或委托他人到场配合海关查验。

电子商务企业、物流企业、海关监管场所经营人发现涉嫌违规或走私行为的，应主动报告海关。

（十八）电子商务进出境货物、物品需转至其他海关监管场所验放的，应按照现行海关关于转关货物有关管理规定办理手续。

五、其他事项

（十九）海关依据《进出口货物报关

单》《物品清单》对电子商务实施统计。

（二十）本公告有关用语的含义：

"电子商务企业"是指通过自建或者利用第三方电子商务交易平台开展跨境贸易电子商务业务的境内企业，以及提供交易服务的跨境贸易电子商务第三方平台提供企业。①

"个人"是指境内居民。②

"电子商务交易平台"是指跨境贸易电子商务进出境货物、物品实现交易、支付、配送并经海关认可且与海关联网的平台。

"电子商务通关服务平台"是指由电子口岸搭建，实现企业、海关以及相关管理部门之间数据交换与信息共享的平台。

"电子商务通关管理平台"是指由中国海关搭建，实现对跨境贸易电子商务交易、仓储、物流和通关环节电子监管执法的平台。

（二十一）海关特殊监管区域、保税监管场所跨境贸易电子商务进出境货物、物品的监管，除另有规定外，参照本公告规定办理。

本公告内容自 2014 年 8 月 1 日起施行，未尽事宜按海关现行规定办理。

特此公告。

海关总署

2014 年 7 月 23 日

① 1.当时的电子商务企业包括电子商务企业和平台企业，是一个宽泛的概念，与目前的提法不同。2.当时的电子商务经营企业要求是境内企业，与目前要求的境外注册企业正好相反。3.当时的电子商务企业和平台企业可以合一，即存在自营平台情况；目前的规定则不可。目前的规定，电子商务经营企业与平台经营企业有可能是关联企业，但不能是同一企业。

② 1.此处的个人是指跨境电商的消费者以及通关人。2.此处的个人，其范围限于境内居民，与海关总署公告 2018 年第 194 号规定的"消费者"相比，范围相对狭窄。

关于跨境电子商务零售进出口商品有关监管事宜的公告[①]

（海关总署公告 2016 年第 26 号）

为做好跨境电子商务零售进出口商品监管工作，促进电子商务健康有序发展，根据《海关法》和国家有关政策规定，以及《财政部、海关总署、国家税务总局关于跨境电子商务零售进口税收政策的通知》（财关税〔2016〕18 号）、《财政部等 11 个部门关于公布跨境电子商务零售进口商品清单的公告》（2016 年第 40 号）的有关规定，现就相关海关监管问题公告如下：

一、适用范围

（一）电子商务企业、个人通过电子商务交易平台实现零售进出口商品交易，并根据海关要求传输相关交易电子数据的，[②] 按照本公告接受海关监管。

二、企业管理

（二）参与跨境电子商务业务的企业应当事先向所在地海关提交以下材料：[③]

1. 企业法人营业执照副本复印件；

2. 组织机构代码证书副本复印件（以统一社会信用代码注册的企业不需要提供）；

3. 企业情况登记表，具体包括企

业组织机构代码或统一社会信用代码、中文名称、工商注册地址、营业执照注册号，法定代表人（负责人）、身份证件类型、身份证件号码，海关联系人、移动电话、固定电话，跨境电子商务网站网址等。

企业按照前款规定提交复印件的，应当同时向海关交验原件。

如需向海关办理报关业务，应当按照海关对报关单位注册登记管理的相关规定办理注册登记。①

三、通关管理

（三）跨境电子商务零售进口商品申报前，电子商务企业或电子商务交易平台企业、支付企业、物流企业应当分别通过跨境电子商务通关服务平台（以下简称服务平台）如实向海关传输交易、支付、物流等电子信息。②

进出境快件运营人、邮政企业可以受电子商务企业、支付企业委托，在书面承诺对传输数据真实性承担相应法律责任的前提下，向海关传输交易、支付等电子信息。③

（四）跨境电子商务零售出口商品申报前，电子商务企业或其代理人、物流企业应当分别通过服务平台如实向海关传输交易、收款、物流等电子信息。

（五）电子商务企业或其代理人应提交《中华人民共和国海关跨境电子商务零售进出口商品申报清单》（以下简称

① 办理报关业务的才需登记，与海关总署公告2018年第194号规定不同。第194号公告要求办理注册登记的范围明显更宽泛。

② 按照本公告，跨境电商需要通过专门的服务平台传输三单信息，与目前做法存在不同。

③ 1.进出境快件运营人、邮政企业可以接受委托传输信息。2.只有这两类企业可以。3.快件运营企业不等同于普通的快递企业、运输企业。

《申报清单》），出口采取"清单核放、汇总申报"方式办理报关手续，进口采取"清单核放"方式办理报关手续。①

①改变了海关总署公告2014年第56号的做法，不再因申报主体的不同区分为货物或个人物品，统一采用《商品申报清单》，模糊了货物和物品的界限。

《申报清单》与《中华人民共和国海关进（出）口货物报关单》具有同等法律效力，相关数据填制要求详见附件1、附件2。

（六）电子商务企业应当对购买跨境电子商务零售进口商品的个人（订购人）身份信息进行核实，并向海关提供由国家主管部门认证的身份有效信息。无法提供或者无法核实订购人身份信息的，订购人与支付人应当为同一人。②

②1. 2016年"4·8新政"设定了个人购买的单次和年度限值，因此需要核实个人身份。2. 无法提供或者无法核实订购人身份信息的，订购人与支付人应当为同一人。

（七）跨境电子商务零售商品出口后，电子商务企业或其代理人应当于每月10日前（当月10日是法定节假日或者法定休息日的，顺延至其后的第一个工作日，第12月的清单汇总应当于当月最后一个工作日前完成），将上月（12月为当月）结关的《申报清单》依据清单表头同一收发货人、同一运输方式、同一运抵国、同一出境口岸，以及清单表体同一10位海关商品编码、同一申报计量单位、同一币制规则进行归并，汇总形成《中华人民共和国海关出口货物报关单》向海关申报。③

③出口存在退税问题，需要生成报关单。

（八）除特殊情况外，《申报清单》《中华人民共和国海关进（出）口货物报关单》应当采取通关无纸化作业方式进行申报。

《申报清单》的修改或者撤销，参照海关《中华人民共和国海关进（出）口货物报关单》修改或者撤销有关规定办理。

四、税收征管

（九）根据《财政部 海关总署 国家税务总局关于跨境电子商务零售进口税收政策的通知》（财关税〔2016〕18号）的有关规定，跨境电子商务零售进口商品按照货物征收关税和进口环节增值税、消费税，完税价格为实际交易价格，包括商品零售价格、运费和保险费。①

（十）订购人为纳税义务人。在海关注册登记的电子商务企业、电子商务交易平台企业或物流企业作为税款的代收代缴义务人，代为履行纳税义务。②

（十一）代收代缴义务人应当如实、准确向海关申报跨境电子商务零售进口商品的商品名称、规格型号、税则号列、实际交易价格及相关费用等税收征管要素。

跨境电子商务零售进口商品的申报币制为人民币。

（十二）为审核确定跨境电子商务零售进口商品的归类、完税价格等，海关可以要求代收代缴义务人按照有关规定进行补充申报。

（十三）海关对满足监管规定的跨

① 详细可参照《海关总署关税征管司 加贸司关于明确跨境电商进口商品完税价格有关问题的通知》（税管函〔2016〕73号）的规定。

② 按货物监管，纳税义务人又是订购人，逻辑上似乎存在问题。

境电子商务零售进口商品按时段汇总计征税款，代收代缴义务人应当依法向海关提交足额有效的税款担保。①

① 明确可以适用汇总征税。

海关放行后 30 日内未发生退货或修撤单的，代收代缴义务人在放行后第 31 日至第 45 日内向海关办理纳税手续。

五、物流监控

（十四）跨境电子商务零售进出口商品监管场所必须符合海关相关规定。

监管场所经营人、仓储企业应当建立符合海关监管要求的计算机管理系统，并按照海关要求交换电子数据。

（十五）跨境电子商务零售进出口商品的查验、放行均应当在监管场所内实施。

（十六）海关实施查验时，电子商务企业或其代理人、监管场所经营人、仓储企业应当按照有关规定提供便利，配合海关查验。

（十七）电子商务企业或其代理人、物流企业、监管场所经营人、仓储企业发现涉嫌违规或走私行为的，应当及时主动报告海关。②

② 设定了主动报告的义务，但实践中无法认定未主动报告的责任。

六、退货管理

（十八）在跨境电子商务零售进口模式下，允许电子商务企业或其代理人申请退货，退回的商品应当在海关放行之日起 30 日内原状运抵原监管场所，相应税款不予征收，并调整个人年度交易累计金额。③

③ 2016 年"4·8 新政"首次规范了退货管理，适应了电子商务的实践要求。

① 设定了海关稽查核查。

② 区分了电子商务企业和电子商务平台企业。

③ 2018 年底前，海关规范的跨境电商存在自营和使用第三方平台的情况。2018 年政策调整改变了这一状况。

④ 1. 此处的平台企业看似包含了海关总署公告 2018 年第 194 号所说的跨境电商服务企业，实际上并不完全等同。2. 看得出，本公告对跨境电商参与主体的区分尚不清晰，混淆了平台企业和其他服务企业。

⑤ 明确了保税进口只能在海关特殊监管区域和保税物流中心（B 型）开展。主要是针对当时一些地方政府部门和部分海关在保税仓等保税仓库开展跨境电商的乱象。

在跨境电子商务零售出口模式下，退回的商品按照现行规定办理有关手续。

七、其他事项

（十九）在海关注册登记的电子商务企业、电子商务交易平台企业、支付企业、物流企业等应当接受海关后续管理。①

（二十）本公告有关用语的含义：

"参与跨境电子商务业务的企业"是指参与跨境电子商务业务的电子商务企业、电子商务交易平台企业、支付企业、物流企业等。②

"电子商务企业"是指通过自建或者利用第三方电子商务交易平台开展跨境电子商务业务的企业。③

"电子商务交易平台企业"是指提供电子商务进出口商品交易、支付、配送服务的平台提供企业。④

"电子商务通关服务平台"是指由电子口岸搭建，实现企业、海关以及相关管理部门之间数据交换与信息共享的平台。

（二十一）以保税模式从事跨境电子商务零售进口业务的，应当在海关特殊监管区域和保税物流中心（B 型）内开展，⑤除另有规定外，参照本公告规定监管。本公告自 2016 年 4 月 8 日起施行，施行时间以海关接受《申报清单》申报时间为准，未尽事宜按海关现行规定办理。

自本公告施行之日起，海关总署公告 2014 年第 56 号同时废止。

特此公告。

中华人民共和国海关总署

2016 年 4 月 6 日

第三部分

案例分析

刑事案例 >>>>

跨境电商领域的刑事案件综述

如何识别和判定某一个具体案件属于跨境电商领域或者与跨境电商有关，还要从跨境电商概念定义谈起。

最狭义上，符合海关特定监管要求以跨境电商监管模式进口（境）跨境电商商品肇始于 2014 年。基于违法犯罪行为发生及案件办理的滞后性，与跨境电商有关的走私犯罪案件在 2015 年年底陆续被查发，相应的判决于 2018 年开始出现。

但如果我们把跨境电商的概念扩大到最广义的概念范畴，即只要是通过电子商务方式（含互联网、微信朋友圈、APP、小程序等）形成的带有商品跨境因素的交易我们就将其认定为实质意义上的跨境电商，会发现相关的案件在很长一段时间内一直都存在。比如轰动一时的"空姐代购案件"，案发时间在 2011 年，一审判决在 2012 年做出。在本书中，我们关注的重点是符合海关特定监管要求的跨境电商刑事案件，但也将对个别的代购、水客走私等非典型模式跨境电商刑事案件给予必要的介绍。

跨境电商领域的刑事案件主要是走私犯罪刑事案件。当然从理论和法律规定上来讲，侵犯公民个人信息的犯罪、非法经营罪、影响食品安全的犯罪也有涉及，特别是相关文件，如商财发 2018 年第 486 号文、海关总署公告 2018 年第 194 号都强调，对非法使用公民个人信息从事跨境电商的，将移送相关部门处理。窃取、买卖、使用公民个人信息，盗用个人跨境电商购买限值，情节严重的，有可能构成侵犯公民个人信息的犯罪。实践中，由于办案部门的管辖权限，也部分由于这些非法利用公民个人信息的行为在一定程度上属于牵连行为，相关办案部门并未独立以侵犯公民个人信息罪的罪名予以追究，此类的判决也未得见。

　　跨境电商领域的走私犯罪刑事案件与其他走私犯罪案件相比，一方面具备走私罪类罪的根本特征，即逃避海关监管，偷逃国家税款或贸易管制。比如，一般走私犯罪案件中常见的低报价格偷逃税款也是跨境电商领域中常用的手段；伪报品名或原产地逃避国家禁止进口或限制进口贸易管制措施在跨境电商领域也有体现；水客走私也是个人代购类跨境电商常用的手段。另一方面，基于跨境电商进出口模式的特点，该领域的走私犯罪刑事案件也呈现出一些不同的特征。比如，实践中跨境电商渠道最常见的走私方式就是将一般贸易货物拆单，伪造交易凭证等单证，伪报贸易方式，适用低税率进口。再比如，由于跨境电商设定了适用跨境电商综合税的单次和年度个人消费限值，为了规避这些限值管理，相关主体存在着为规避限值而低报价格的操作。还有，为配合一般贸易拆单、刷单，快递公司、支付企业提供虚假快递信息或支付信息的行为，在满足一定条件下有可能构成走私犯罪帮助犯，等等。另外，实践中跨境电商也有一些特有的操作，是否合规，是否构成走私犯罪存在争议和分歧。如委托推单和代理推单，从实质层面和形式层面考察会得出不同的结论。

　　在本书中，我们将对常见的、特殊的、有争议、有影响力的跨境电商领域的走私犯罪刑事案例进行介绍。聚焦在一般贸易货物拆单伪报成跨境电商商品走私、低报价格走私、代购走私等问题上。

　　基本体例是对每一类（个）问题做一简要介绍，用一个针对性的案例进行说明，最后对案件反映出来的风险做一个梳理和提示。

（吕友臣）

利用他人身份信息刷单，伪报贸易方式走私

【实务要点】

国家针对跨境电商商品进口专门设置税率，这一税率远远低于一般贸易货物进口税率，甚至低于个人物品进境税税率，进口过程中的证件手续也大大简化。[①]

当然，适用跨境电商模式进口、适用跨境电商综合税税率的前提是要求符合跨境电商商品的属性特征。进境的商品必须是属于消费者个人自用物品，且在与海关联网的电子商务平台上交易，能实现交易、运输、支付信息的传输。

相反，不具备个人物品这一根本性质或者属于个人物品但不符合系统对接、三单比对形式要求，而利用他人身份信息刷单，以跨境电商商品名义伪报进口，必然存在着逃避海关监管、偷逃税款的走私犯罪风险。

【基本案情】 案号：（2016）粤 01 刑初 452 号

被告单位志某公司为同案人李某（另案处理）实际控制。2015 年初，李某指使志某公司的经理被告人冯某某等人利用志某公司可从事跨境贸易电子商务业务的机会，对外承揽一般贸易的进口货物，再以跨境电商贸易形式伪报为个人海外购进口商品。

2015 年 5 月，志某公司向海关申请获得了跨境电子商务企业资格。为同步开展跨境电商业务，李某委托被告人程某某开发正某网，并向海关申请跨境电子商务企业备案，作为志某公司跨境电商平台用于生成订单。

2015 年 8 月，被告人王某（实际货主）委托被告人梁某某（中间人）将其本

[①] 2016 年"4·8 新政"之前，通过跨境电商渠道进口的商品适用个人物品进口税，彼时的个人物品进口税税率也普遍低于一般贸易货物进口税。

应通过一般贸易进口的货物以包税的方式以跨境电商个人物品的方式报关进口，被告人梁某某遂将相关业务交由志某公司办理。

具体操作是，根据王某提供的装箱单、发票等资料，志某公司及其员工利用正某网形成虚假个人订单，并将购买的某快递公司快递单绑定个人订单，再利用易某科技（北京）有限公司制作虚假支付信息后，将三种虚假信息合并推送给海关，利用行邮物品免税或者低税率的监管规定，伪报贸易性质进口货物。

从 2015 年 9 月至 11 月间，志某公司利用上述方式为被告人王某走私进口货物共 19085 票，偷逃税款共计人民币 2070384.36 元。

法院认定，被告单位志某公司、被告人冯某某等人（志某公司员工）、被告人梁某某等人（中间人）、被告人王某（货主）、被告人程某某（志某公司委托的系统开发人、虚假订单生成人）逃避海关监管，伪报贸易方式报关进口货物，偷逃应缴税额，其行为均已构成走私普通货物罪。判处被告单位志某公司罚金157 万元。判处各被告人两年到三年不等的有期徒刑，部分适用缓刑，部分并处罚金。

【案件启示及风险提示】

1. 本案是典型的利用跨境电商系统进行的走私案件。本案最大的特点就是走私犯罪嫌疑人按照海关对跨境电商的监管要求进行了备案，实现了海关监管系统对接，形式上完全符合和满足海关的监管要求；但在实践操作上却又恰恰利用了跨境电商海关监管的规则要求，将一般贸易货物进行拆分，利用他人身份信息，伪造订单、运输单证和支付单证，伪报贸易方式进行走私：可谓走私成本高、技术难度大，是典型的利用跨境电商系统进行的走私犯罪。

2. 完备的形式改变不了贸易性质，伪报贸易方式必然构成违法犯罪。实践中，伪报贸易方式走私的除了明知其行为违法而故意实施的外，也确实存在着对法律、政策规定理解错误的情形。如，有一般贸易进口货物经营者认为只要拆单了，形成订单，实现了系统对接、三单信息传输，就满足了海关监管的要求，也就可以通过跨境电商的渠道进口。事实上，这是对以跨境电商方式进出境合法性的最严重误解。认定跨境电商的一个基本前提就是网络零售商品。一般贸易进口的根本特点是进口后再行销售，与跨境电商零售先销售再进口存在本质的区别。这些区别是无法通过拆单、形成虚假订单、实现三单传输改变的。这也就决定了将一般贸易货物伪报成跨境电商商品无论形式上有多完备，也必将注定要陷入违法犯罪的深渊。

3. 伪报贸易方式刷单走私，还涉嫌侵犯公民个人信息犯罪。志某公司因制造虚假的"三单"信息，盗用公民个人信息。根据《刑法》第二百五十三条之一的相关规定，"窃取或者以其他方法非法获取公民个人信息"，情节严重的，构成犯罪。本案中，志某公司非法获取公民信息，所获取的公民信息均用于制作虚假单证，该行为视为走私行为的牵连行为，按照牵连犯的竞合处理方法从一重罪，即走私普通货物罪处罚。当然，如果志某公司不仅将非法获取的公民信息用于走私行为，还存在贩卖出售或非法提供给他人使用的行为，如果符合《最高人民法院、最高人民检察院关于办理侵犯公民个人信息刑事案件适用法律若干问题的解释》第五条中"情节严重"的情况，则应当数罪并罚。

4. 本案发生于2015年，彼时跨境电商进出境适用海关总署公告2014年第56号，按个人物品监管，适用行邮税税率，存在50元人民币免税的规定。与当前的政策规定存在较大差异。但在认定伪报贸易方式偷逃税款构成走私犯罪方面不存在问题。

（吕友臣）

规避个人消费限值，低报价格走私

【实务要点】

低报价格、偷逃税款是走私普通货物物品罪案件中最常见的手段。跨境电商渠道亦然。实践中，人为调低商品价格，利用跨境电商系统，向海关推送或提供虚假的订单、支付单证，偷逃税款进行走私，构成走私普通货物、物品罪的情形已为多个生效判决证实。

不同于一般贸易进出口渠道，跨境电商渠道低报价格进行走私犯罪的常见情形有两种：一种情形是与普通的低报价格走私无异，因低报价格导致完税价格低于实际成交价格偷逃税款；另一种情形是缘于跨境电商受制于个人单次和年度购买限值的限制，为了能通过跨境电商系统进境或者适用跨境电商综合税而将实际成交价格调低申报，客观上也将因低报价格而造成偷逃税款。

【基本案情】 案号：（2019）粤03刑初218号

2016年12月至2017年4月间，跨境电商某燕公司法定代表人、董事长兼总经理胡某某（某利公司实际控制人）为谋取非法利益，利用某燕公司具备从事跨境电商业务的资质虚假刷单，将原本应当以一般贸易方式进口的某品牌吸尘器，通过某利公司伪报成跨境电商贸易商品走私入境，共计318台。经计核，涉嫌偷逃税款人民币243084.87元。

具体操作流程：被告人胡某某安排公司员工崔某、卫某根据其指令从境外采购某品牌吸尘器，之后以某利公司为经营单位和收货单位，通过保税方式将该批吸尘器运至前海保税区的保税仓库。随后，被告人胡某某安排他人用非法获取的国内居民身份信息制作虚假购买信息，把应当通过一般贸易方式报关进口的该批吸尘器，低报价格为每台人民币1160.86元或每台人民币1250.22元，以跨境电商贸易方式向海关申报入境。该批吸尘器入境后，由被告人崔某某通过其某宝网网店向中国内地客户销售，谋取非法利益。

该品牌吸尘器在网络门店的市场销售价格为人民币 2600 元 / 台以上，为能实现以跨境电商方式顺利通关，某燕公司、某利公司将明显超过跨境电商单次交易限值的商品价格调低至个人单次限值①以下，以跨境电商贸易方式低价申报入境。

法院认为，各被告人均构成走私普通货物罪。判处被告单位某燕公司、某利公司罚金，判处被告人胡某某、崔某某有期徒刑，适用缓刑。

【案件启示及风险提示】

1. 规避个人消费限值成为跨境电商渠道走私低报价格的一个动因。跨境电商商品定位于个人物品，对单次交易限值一直有规定。实践中，从事跨境电商的企业或个人为了能够实现以跨境电商方式入境，不得不将高过限值的商品调低价格申报。有时，这种调低申报的本意并不是为了直接追求低报价格带来的税款减少，而纯粹是为了能实现以跨境电商方式进口，只不过调低价格申报必然导致偷逃税款的结果。

2. 在跨境电商渠道，调低价格申报往往与其他违法行为，如伪报贸易方式结合在一起。比如本案中，当事人既伪报了贸易方式，也低报了价格。

3. 跨境电商个人消费限值一直在调整，规避个人消费限值低报价格走私的情形也不断发生变化。从最早的 2014 年海关按照个人邮递物品验放，即按照1000 元（国外）、800 元（港澳）人民币的标准；到 2016 年个人单次 2000 元、年度 20000 元人民币；再到 2018 年个人单次 5000 元、年度 26000 元人民币。跨境电商个人消费限值不断提高，能基本满足对日常消费品的需要，但对于一些高档消费品，尤其是奢侈品，目前的消费限值远远不能满足这些商品以跨境电商方式申报进境的要求，因此，我们认为，为规避个人消费限值而低报价格的走私违法行为将在一定时期内长期存在。

（吕友臣）

---

① 案发时，根据财关税〔2016〕18 号文、海关总署公告 2016 年第 26 号，适用跨境电商进口的单次交易限值是人民币 2000 元。

规避个人消费限值，盗用他人消费额度走私

【实务要点】

随着跨境电商行业的飞速发展，相关部门对跨境电商的监管也不断规范化、制度化。国家为跨境电商商品专门设置了进口税率，该税率远远低于一般贸易货物进口税率，而且有关进口手续也相对简单化。

将一般贸易方式进口的货物伪装成跨境电商商品进口，从而享受低税率及相对简单的进口手续并获得非法利益，是近些年走私犯罪案件中常见的走私方式。根据我国对跨境电商监管的政策要求，跨境电商个人单次消费和年度消费均有限值（个人单次消费限值是人民币 5000 元，年度消费限值是人民币 26000 元），于是，相关单位或人员往往需要借用他人名义虚构消费主体和物流信息，才能实现其非法利益的目的。

本案从另外一个角度解释了伪报贸易方式，刷单走私。

【基本案情】 案号：（2019）粤刑终 1090 号

本案被告单位为瑞某公司。2016 年上半年，被告人彭某（被告单位法定代表人、总经理、股东）代表瑞某公司与香港货主某一公司的负责人孙某商定，将某一公司应当以一般贸易申报进口的某品牌果汁伪报成个人跨境直购果汁并通过瑞某公司的跨境电商平台走私入境，瑞某公司收取每盒果汁人民币 15~18 元不等的包税费用。其中，某一公司安排公司营运主管、被告人黄某负责与彭某对接，提供货物单据、支付费用和接收货物等。

2017 年底，被告单位瑞某公司被收购后，被告人彭某介绍新某公司继续为某一公司以上述方式并通过新某公司的跨境电商平台走私果汁入境，收取每盒果汁人民币 3 元的中介费。经海关关税部门核定，2017 年 1 月至 2017 年 12 月间，

被告单位瑞某公司利用该公司跨境电商平台走私该品牌果汁偷逃应缴税额人民币3064059.38 元；2017 年 11 月至 2018 年 4 月间，瑞某公司利用新某公司的跨境电商平台走私该品牌果汁偷逃应缴税款人民币 2856969.96 元。

该案中，相关涉案单位和人员为了规避跨境电商监管制度中有关"单次和年度个人消费限值"的规定，盗用他人跨境电商额度，从而达到偷逃税款的目的。具体操作方式在部分证人证言中得以体现。证人吴某（某快递公司营业部老板）证实，2017 年 5 月至 2018 年 3 月间吴某卖过空白快递单号及消费者信息给被告单位。被告单位发出空白快递单的需求数量并支付买单费用，吴某登录系统抓取快递单号发给被告单位，并与相关消费者信息做到一一对应，然后把相关信息上传至与海关系统对接的跨境电商交易平台，从而虚构相应的订单、物流单、支付单，实现"三单比对"。随后，被告单位将快递单对应的送货地址信息发给吴某，吴某通过系统打印出快递面单贴在某快递公司的空文件袋上，发到对应的地址，不需要送给收货人，只需在网点由派件员扫面单签收就可以了。

一审法院认为，被告单位瑞某公司、彭某、黄某均已构成走私普通货物罪，并做出判决：一、被告单位瑞某公司犯走私普通货物罪，判处罚金人民币 600 万元。二、被告人彭某犯走私普通货物罪，判处有期徒刑十年。三、被告人黄某犯走私普通货物罪，判处有期徒刑三年，缓刑四年。四、追缴本案的偷逃应缴税款5921029.34 元。

后相关被告提起上诉。二审法院维持了一审判决。

【案件启示及风险提示】

1. 这是一例典型的利用跨境电商平台进行走私的案件。涉案单位及人员将一般贸易方式进口的货物伪装成跨境电商商品进口，并冒用他人身份信息、盗用他人消费限额、虚构消费信息，从而在与海关系统对接的跨境电商平台上实现了"订单""物流信息""支付信息"的"三单比对" —— 在形式上完全符合监管部门的要求。涉案单位走私犯罪主观故意明显，客观上实施了伪报贸易方式、虚构消费信息等行为。

2. 盗用多人名义虚构消费信息是规避个人消费限值的主要方式。本案中的证人证言详细陈述了盗用他人名义的具体细节。涉案的单位或个人向快递公司购买他人身份信息及快递单号。然后将他人身份信息及快递单号进行一一配对，虚构订单、物流单和支付订单，实现符合跨境电商监管要求的"三单"比对一致。最后快递公司将相关快递发到对应地址，在网点由派件员扫面单签收。实际上，这些快递的重量都是0.1 kg，不合常理；相关商品也并未实际派送，而是由涉案单位或个人在境内再次销售牟取非法利益。

3. 提示：消费者可通过中国电子口岸网查询个人年度跨境电商零售进口个人额度：点击"个人额度查询"中的"已消费金额"，便可随时查询个人消费记录明细。

（张　哲）

以人身携带方式进境，"代购"构成走私犯罪

【实务要点】

与狭义上符合海关特定监管要求、以跨境电商监管模式进口（境）跨境电商商品不同，微信朋友圈常见的"代购"因其商品带有跨境交易的性质，应归为广义上的、具有实质意义的跨境电商。关于"代购"是否合法，一些"代购"从业者认为，他们是根据客户的需求去境外有针对性地代为采购，即销售在商品进境前已经完成，商品进境时应认定已经属于消费者的个人物品，而且其所购商品往往是自己携带入境，只要没有超过人民币 5000 元的免税额度就不用向海关申报，因此，其行为是符合海关行李物品监管要求的合法行为。但实践中，执法部门坚持认为"代购"商品在性质上属于"货物"而不是"物品"，应按照一般贸易进口计征"货物税"；"代购"从业人员长期多次携带商品入境，构成故意逃避海关监管偷逃税款的情形，轻则构成走私行为应给予行政处罚，重则还会构成"走私普通货物、物品罪"而承担刑事责任。网络代购一直是个"灰色地带"，每年销售额很大，也一直备受关注，但其行业规范性不足，存在较大行业风险。"离职空姐代购案"，只是近年相关部门加强海外代购行业监管力度的信号之一。

【基本案情】 案号：（2013）二中刑初字第 1171 号

曾是空姐的李某 2008 年离职后，在某宝网上开了一家化妆品店。2010 年，李某通过在韩国公司担任高级工程师的褚某注册了韩国免税店的账号。2010 年 8 月至 2011 年 8 月间，李某去韩国带化妆品 29 次，其男友石某带了 17 次，通过"以客带货"方式从无申报通道通关并携带进境，均未向海关申报，共计偷逃海关进口环节税 113 万余元。

2012 年 6 月 25 日，某市人民检察院向该市中级人民法院提起公诉，指控李某、褚某、石某犯走私普通货物罪。经开庭审判，中院一审认定，三人共计偷逃海关进口环节税 109 万多元。李某被以走私普通货物罪获刑 11 年，并处罚金 50 万元；褚、石在一审分别被判处有期徒刑 7 年和 5 年。

一审判决后，95.7% 参与调查的网友表示震惊，认为量刑过重。李某、褚某对一审判决亦表示不服并上诉到该市高级人民法院。二审法院给出"发回重审"的裁定意见。

中院依法另行组成合议庭进行审理。查明，李某与褚某预谋后，由褚某为李某提供韩国免税店账号，并负责在韩国结算货款，李某伙同石某在韩国新罗免税店购买化妆品等货物后，分别于 2011 年 4 月 19 日、2011 年 8 月 30 日，采用以客带货的方式从沈阳仙桃机场、首都机场无申报通道携带入境，偷逃海关进口环节税共计 8 万余元。

中院经审理认为，李某、褚某、石某逃避海关监管，走私化妆品进境，偷逃应缴税款额度大，三人的行为已构成走私普通货物罪，依法均应予惩处。李某在共同犯罪中起主要作用，系主犯。褚某、石某起次要或者辅助作用，系从犯，考虑褚某曾两次因携带超量化妆品入境被海关行政处罚，石某到案后如实供述罪行，认罪态度好等情节，对褚某、石某从轻处罚并区别量刑。据此，做出判决如下：以走私普通货物罪，判处李某三年有期徒刑，并处罚金 4 万元；判处褚某二年六个月有期徒刑，并处罚金 2 万元；判处石某二年四个月有期徒刑，并处罚金 2 万元；继续追缴三人偷逃税款上缴国库。

【案件启示及风险提示】

1. 微信朋友圈常见的"代购"行为涉嫌违法。根据海关总署公告 2010 年第 54 号规定，进境居民旅客携带在境外获取的个人自用进境物品，总值在 5000 元（含 5000 元）人民币以内的，海关予以免税放行。另外，旅客在未办理海关进境手续前享有 3000 元的进境免税店购物额，所以旅客可以获得总共 8000 元人民币购物免税额度（含 3000 元免税店购物额）。而代购人员往往利用了该有关进境旅客自用进境物品的监管规定，具有长期多次携带商品入境的特点。如本案例中，被告人"长期多次携带商品入境"符合"多次走私"的行为特征，"多次入境未申报"符合逃避海关监管的主观故意，"携带"是代购商主要采用的物品入境方式，买入后又在境内电商平台"销售"说明其目的是"转售获利"而不是"自用"或"赠送亲友"。综上，本案当事人长期多次携带商品入境且未向海关申报，故意偷逃税款并转售获利的行为是典型的违法行为。

2. "代购"的商品在性质上属于"货物"而不是"物品"，应按照一般贸易方式进口计征"货物税"。"代购"人员往往认为，其是根据客户的需求去境外有针对性地代为采购，即销售在商品进境前已经完成，应认定已经属于消费者的个人物品。而根据《中华人民共和国海关法》第四章有关"进出境物品"以及《中华人民共和国海关对进出境旅客行李物品监管办法》的规定，个人携带进出境的行李物品、邮寄进出境的物品，应当以自用、合理数量为限，并接受海关监管；而所谓"自用"，即旅客本人自用、馈赠亲友而非为出售或出租，且应以合理数量为限。而代购人员所采购之商品，无论是先有客户需求再安排代为采购，还是采购回来后在电商平台上销售，其本质上均属于国内销售，在进出境环节具备商业属性，不符合"自用或馈赠亲友"的物品属性。因此，"代购"的商品在性质上属于"货物"，应通过一般贸易方式进境并全额征收货物进口税。

3. "代购"有风险，入行须应谨慎。如上所述，代购是一种违法行为，代购者"长期多次携带商品入境"，其每次所携带商品价值远远超出 5000 元免税额度却未向海关申报，逃避海关监管的主观故意较为明显，轻则构成走私被行政处罚，重则构成"走私普通货物、物品罪"需承担刑事责任。

（张　哲）

境外电商平台拍得货物以邮递物品方式进境构成走私

【实务要点】

境外购买的商品通过何种方式跨境，是跨境电商顺利运营的关键。通过合法合规的渠道和方式实现跨境，自然不会涉嫌违法犯罪。但是实践中一些跨境渠道和方式容易被利用来走私，例如：快件、各种专线、快线、包税、水客携带等。

邮递渠道（俗称个人邮包）就是一种常见并且有争议的商品跨境方式。实践中，很多商家，特别是境外电子商务平台，比如亚马逊、EBAY 上的卖家，在完成线上交易后通常会选择通过邮递渠道将商品邮寄进境，因为邮递渠道运输成本较低且海关对个人邮递物品的监管相对宽松。

但是，通过邮递渠道完成商品跨境，并不是在海关监管模式下的正规的跨境电商商品跨境方式。不正规就意味存在风险，邮递渠道也可能成为跨境电商走私犯罪的一个渠道。

【基本案情】 案号：（2015）穗中法刑二初字第 106 号

2014 年 6 月至 9 月间，被告人陈某通过购某网的链接竞拍日本雅虎网上销售的洋酒。为达到不缴纳关税的目的，被告人陈某在该网站填报洋酒邮寄入境的包裹信息时，将其所购洋酒伪报为茶壶、瓶子等品名并低报价格。日本某株式会社根据被告人陈某在网站上填报的虚假包裹信息打印发货单，将其所竞拍的洋酒从日本邮寄入境。被告人陈某收到上述洋酒后通过其经营的百货商行销售牟利。

经查，被告人陈某通过上述手法走私洋酒 180 票，共计 2040 瓶，货物价值人民币 2593362.80 元，经海关关税部门核定，偷逃应缴税款人民币 983761.70 元。

法院认为，被告人陈某无视国家法律，逃避海关监管，走私普通货物入境，偷逃应缴税额巨大，其行为已构成走私普通货物罪。判处有期徒刑三年，缓刑四年，并处罚金人民币 100 万元。

【案件启示及风险提示】

1. 从境外电商平台购买后可以邮递方式进境的仅限于个人物品。

海关针对商品进出境的不同渠道将商品分为货物和物品，采取不同的监管模式，适用不同的监管要求。一般来说，货物因进境后将继续加工销售而具有贸易的性质。物品则由旅客随身携带或通过邮递渠道进境后供个人自用而具有"非贸易"的性质。相较货物，物品适用较为宽松的监管条件，享受一定的免税额度。从境外电商平台采购的商品有可能是个人自用物品，也可能是用于经营的货物，但只有属于个人物品，才能通过邮递物品方式进境。本案中，陈某通过跨境电商平台从境外购买洋酒用于其经营的商行销售牟利，其购买行为具有贸易性质，因此购买的洋酒已经不是海关法意义上的"物品"而是"货物"，应当按照一般贸易方式申报并缴纳税款。

2. 从境外电商平台购买并邮递进境的物品也需要如实申报品名和价格。

本案中陈某从境外购买洋酒后为了达到不缴纳税款的目的，通过邮递渠道申报"个人自用物品"入境。在通过邮递渠道申报入境过程中，陈某伪报了品名，将洋酒伪报为茶壶、瓶子，并且低报了价格，将商品价格低报至 1000 元以下，从而达到偷逃税款的目的。

3. 跨境电商平台承担法律责任的可能性。本案中，境外电商平台作为第三方交易平台，其作用在于为交易双方提供中介服务。在此经营模式下，网站上显示的商品信息由商家提供，跨境电商平台与商家实质上是居间法律关系，平台并不介入委托人与第三人签订的合同关系，只是提供中介服务。从这个角度讲，跨境电商平台公司不应承担法律责任。但是，如果电商平台介入商品跨境通关事项，特别是在 2018 年海关跨境电商新政模式下，与海关实现对接的平台被赋予了防止虚假交易及二次销售的义务。如果电商平台未履行义务，或故意放任导致虚假交易，电商平台则有可能构成跨境电商走私的共犯。

4. 境外卖家是否承担法律责任应当依据实际情况判断。

首先，这涉及我国刑法的空间效力问题；其次，要根据具体案情判断境外卖家是否具有共同实施走私犯罪行为的犯罪故意和是否共同实施了犯罪行为。本案中，日本某株式会社客观上为陈某的走私犯罪行为提供了帮助，但相关司法部门并未追究其责任。具体原因,不得而知。有观点认为,作为境外企业的日本某株式会社主观上对我国的法律法规并不了解,也没有实施走私犯罪行为的动机。但我们注意到,日本某株式会社不仅是按照陈某的要求寄递物品,而且是按照陈某的要求填写虚假包裹单。应该说,其行为是否构成走私罪共犯存有争议。

(赵晓英)

电商企业以委托"水客"携带方式实现商品进境构成走私

【实务要点】

何为"水客"？一般来说，水客是指受走私团伙雇佣，以利用两地商品差价牟利、赚取带工费为目的，逃避海关监管，"少量多次"（俗称"蚂蚁搬家"）携带受国家管制或应税货物、物品入境的特定群体。

实际上，水客走私是境外商品通关入境的一种方式。在广义的跨境电商领域中，即具备"跨境"和"电子商务"双重属性，跨境电商商品入境的方式有多种，包括一般贸易、快件、邮包等，水客携带入境是其中一种。这些渠道中，通过海关监管的系统实现三单对碰的入境渠道为完全合法的方式；以快件、邮包运输跨境电商商品的方式，因不是通过海关监管系统申报进口，其合法性存有争议；而水客走私渠道，则属于完全非法的渠道，水客走私的行为形式上逃避了海关的监管，实质上偷逃了应缴税款，是违反国家法律法规的行为。

【基本案情】 案号：（2015）珠中法刑二初字第 46 号

2013 年上半年，被告人某某公司负责人王某甲与被告人黄某甲、黄某乙、梅某（黄某乙、梅某二人均另案处理）合谋，在某宝、聚某等平台开设店铺销售，店铺所售商品利用"水客"走私入境以谋取更多利益。

2013 年 6 月，被告人王某甲投资成立被告单位某某公司，主要业务为通过互联网销售化妆品以及化妆品的批发、零售，通过线上的某宝店铺销售化妆品，以及给另一电商平台聚某供应化妆品。

王某甲根据某宝线上客户的订单信息，去澳门采购相应的化妆品，采购完成后将货物发送给黄某甲，由黄某甲负责将货物运送入境。被告单位某某公司与聚某平台的合作方式主要是，聚某平台根据网上的销售情况，给某某公司下单，某某公司根据订单提供从澳门和内地采购的货物并发送至聚某平台指定的仓库，某某公司利用聚某平台进行商品销售，聚某平台收取相应的佣金。

2013年下半年，被告人王某甲与被告人黄某甲约定，由王某甲将在澳门购买的化妆品通过船务公司发运至香港，由黄某甲负责在香港提货运送入境。具体操作是，黄某甲在香港揽收王某甲从澳门发送过来的货物，然后黄某甲将货物交给黄某乙，由黄某乙"派发"给水客偷带入境至深圳，由梅某负责在深圳收集化妆品并通过快递等方式发送给某某公司或其指定的客户，确认收货后，王某甲按化妆品的数量，以约定的价格定期通过银行转账的方式统一向梅某的账户支付带工费用。王某甲和被告单位某某公司将走私进境的化妆品，部分在某宝店铺销售，部分化妆品则供应给聚某平台，还有部分暂未销售。

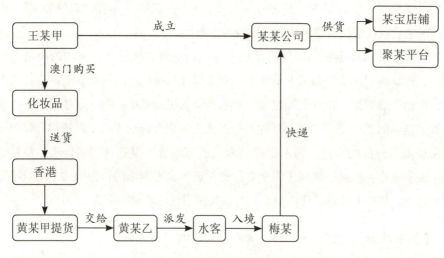

某某公司走私流程图

法院认为，被告单位某某公司、被告人王某甲、黄某甲违反海关法规，逃避海关监管，走私化妆品进境，其行为已构成走私普通货物罪，判处某某公司罚金200万元，被告人黄某甲有期徒刑三年，被告人王某甲有期徒刑三年、缓刑四年。

【案件启示及风险提示】

1. 本案的交易属于广义的跨境电商范畴。

对于跨境电商，我们区分了广义和狭义。对狭义的跨境电商，又进一步界定了官方版本的跨境电商，即实现与海关系统对接、三单比对的。本案中某某公司的行为明显不符合与海关系统对接、三单比对的特征，不属于官方版本的跨境电商范畴。但是，从广义的跨境电商范畴出发，本案中的交易满足了"电子商务"与"跨境"两个本质特征。因此，可以认为本案的交易属于广义的跨境电商范畴。

2．本案中，水客携带货物入境的行为属于走私行为。

在将本案认定为跨境电商范畴后，再对本案中的水客携带货物入境的行为进行分析定性。

水客的行为是否合法？现从境内电商货主的角度进行分析。货主认为，只要将境外采购的货物交给水客，由多名水客携带入境，并且每名水客携带货物的价值不超过居民旅客入境的限值5000元，即属于合法的行为。这实际上是陷入了一个误区：居民旅客入境的限值5000元是针对个人自用物品，而不是针对具有商业用途的货物。水客所携带入境的具有商业价值的货物，本应按照一般贸易方式申报通关，5000元的限值规定并不适用于水客，水客的行为仍然属于违法的走私行为。

此外，货主可能还认为，只要水客成功通关入境，其行为就是合法的。这陷入了另一个误区：水客侥幸成功通关，并没有改变行为的性质，仍然是逃避海关监管、偷逃应缴税款的行为，因此仍旧是违法的走私行为。

水客携带的货物，除了可能是跨境电商商品外，还可能是应以一般贸易方式申报入境的货物等，此种行为同样会被监管机构认定为走私行为，因为不管在何种方式下，水客携带货物、物品入境的行为在本质上没有发生改变。

本案中，黄某甲将王某甲从澳门发送过来的货物交给黄某乙，由黄某乙分发给水客，通过水客携带通关进入中国境内，此种行为本质上属于违反国家法律法规、逃避海关监管的走私行为。

3．跨境电商平台上销售的商品，应当是通过正规渠道入境的。

跨境电商平台上销售的商品，应当是按照正规的通关渠道缴纳关税清关入境的。境内的电商货主为了实现合法合规通关，应当根据海关的规定，向海关办理注册登记等手续，通过与海关系统对接的跨境电商平台出售商品，将商品的订单信息、支付信息和物流信息推送给海关，供海关在通关过程中核验货物，实现货物合法合规入境。

（杨　洁）

跨境电商渠道走私犯罪中的主从犯确定

【实务要点】

走私行为的核心要素是"逃避海关监管，偷逃应纳税款、逃避国家有关进出境的禁止性或限制性管理规定"。跨境电商模式下走私行为的核心要素并未改变，只不过加入了电子商务的因素，主要是利用跨境电商税收优惠政策，采取伪报、瞒报方式等手段，偷逃应纳税款。

通过跨境电商渠道进行走私，不论是刷单走私，还是代为推单走私，都涉及多个主体，主要包括货主、跨境电商企业、跨境电商平台（推单平台）、物流企业、支付企业、报关企业等。在涉嫌走私行为中，这些主体有些地位和作用重要，主观故意明显，有可能被认定为主犯；有些则参与较浅，相对次要，可能被认定为从犯。主从犯认定的意义主要在于量刑，一般来讲，共同犯罪中主犯的刑期通常较长。

司法实践中，被认定为跨境电商走私主犯的主要有两类：一类是将实际货主认定为主犯，因为货主是走私犯罪的最大获利者；另一类是将跨境商务平台或者代为推单的平台企业认定为主犯。此外，对于出售快递单证的物流企业、帮助提供支付数据的支付公司，是否认定其为提供帮助的共犯，司法部门根据其实际参与走私犯罪的程度亦有不同处理。

【基本案情】 案号：（2019）粤 01 刑初 194 号

被告单位某华公司是一家跨境电商企业，是新加坡某公司在中国内地的代理商。2015 年初，新加坡某公司通过在某台公司的电商平台上开设店中店的方式，自营美孚、嘉实多等品牌的润滑油。

2014 年底至 2015 年 8 月期间，某华公司为谋取非法利益，通过某台公司的电商平台，以某联公司为网络支付平台，由某腾公司提供空白快递单及开放快递派送平台，自己提供虚假消费者个人身份制作虚假个人消费者订单、支付单、物流单，通过跨境电商渠道，将本应按一般贸易进口的嘉实多、美孚、福特等品牌润滑油，以化整为零的方式伪报成消费者个人自用物品进口，涉嫌偷逃应缴税款共计人民币3427601.29元。清关后，某华公司将涉案的润滑油按国内贸易的价格转售给某贸易公司。

法院判决，被告单位某华公司、某腾公司逃避海关监管，违反海关规定，走私普通货物入境，偷逃应缴税款情节严重，其行为均已构成走私普通货物罪。某华公司负责走私活动的策划、组织，在共同犯罪中起主要作用，是主犯。某腾公司为走私活动提供帮助，在共同犯罪中起次要作用，是从犯，依法可减轻或从轻处罚。

【案件启示及风险提示】

1. 货主作为走私犯罪的最大获利者，通常会被认定为主犯。

走私共同犯罪中的主犯是犯意的发起者，负责走私犯罪的整体策划与安排，在共同犯罪中起主要作用。本案涉案货物跨境交易的过程中出现了三个交易关联方：新加坡某公司是境外卖家；跨境电商企业某华公司是新加坡某公司在中国内地市场的代理及实际货主；某贸易公司是境内买家。其中，某华公司是走私行为犯意的发起者，为了达到偷逃税款的目的，利用自己"跨境电商企业"的身份，策划和安排了整个走私活动，在共同犯罪中起主要作用，是主犯。某华公司通过某台公司的电商平台和某联支付平台，利用某腾公司提供空白快递单及开放快递派送平台，自己提供虚假消费者个人身份，制作虚假个人消费订单、支付单、物流单，以"三单合一"的方式向海关报关，将本应以一般贸易方式进口的货物通过跨境电商渠道"化整为零"申报进口。下图展示了某华公司设计的整个走私链条。

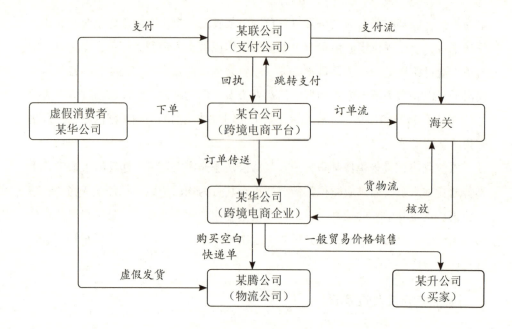

某华公司走私流程图

新加坡某公司名义上为某华公司的合作伙伴，实际上是受某华公司控制的境外公司，未将其单独列为犯罪主体。某升公司是国内贸易的买家，在不具备特定条件下不构成走私犯罪。

2. 物流企业可能被认定为走私犯罪的共犯、从犯。

走私案件通常会涉及货主委托、通关、揽货三个环节，每个环节都可能涉及多个主体。在走私共同犯罪中，货主通常是策划整个走私犯罪链条的主犯，而其他主体包括跨境电商平台、物流企业、支付企业、报关企业等可能在走私犯罪活动中起次要或者辅助作用，依法可能被认定为共同犯罪的从犯。判断是否构成共同犯罪，需要同时满足主观和客观两方面的要素：主观方面具有共同犯罪的故意，客观方面具有共同犯罪的行为。具体到本案，某腾公司明知某华公司采取空包派送且向海关部门推送物流单，仍向某华公司提供空白快递单及物流派送平台（具有共同走私的故意），并且协助某华公司制作虚假物流单完成走私活动（实施了帮助走私的犯罪行为）。法院最终认定某腾公司为某华公司走私活动提供帮助，在共同犯罪中起次要作用，是从犯，依法可减轻或从轻处罚。

3. 跨境电商平台公司、网络支付公司是否构成共犯问题。

实践中，平台公司为走私行为提供网络交易平台、支付企业客观上为走私行为提供了虚假支付帮助，这些行为实际上都处于违法犯罪的边缘。虽然目前司法实践中还没有追究平台企业和支付企业的法律责任的案例，但随着相关法律法规的完善，平台企业也需要承担越来越多的管理责任。比如，商财发〔2018〕486号文就明确要求平台企业就跨境电商零售进口商品虚假交易及二次销售建立风险控制体系，加强对短时间内同一购买人、盗用他人身份进行订购等非正常交易行为的监控，采取相应措施予以控制。

（赵晓英）

行政案例 〉〉〉

跨境电商领域的行政案件综述

　　本部分所述的行政案件，包括海关和市场监督管理机关的行政处罚类案件和行政诉讼类案件。

　　对于海关行政处罚类案件，我们需要重点关注的是跨境电商企业因何种原因被行政处罚、行政处罚的后果，以及如何争取从轻、减轻、免除处罚。跨境电商企业被海关行政处罚原因主要包括申报不实、保税料件短少、侵犯知识产权等。申报不实包括影响海关统计准确性、影响海关监管秩序、影响国家许可证件管理、影响国家税款征收、影响出口退税和外汇管理五种情形，所占比例较大并且处罚较重的是申报不实影响国家税款征收。保税料件短少是指在 1210 方式项下进口保税商品，经过海关稽查、核查发现短少情事；在全国通关一体化改革之后，海关稽查、核查的频次有所增加，通过稽查发现的行政处罚类案件也随之增加。侵犯知识产权是指跨境电商零售商品涉嫌侵犯知识产权，这类案件数量也较多。跨境电商交易模式具有商品种类多、成分杂，交易小批量、多频次的特点，所以在申报项目及内容上会明显多于一般贸易，在三单比对的监管方式下，交易内容越公开透明，海关越容易实施监管；甚至以往的交易在电子系统留痕备存，海关在发现问题的同时也可能同步发现以往的"错误痕迹"，例如使用他人身份信息"刷单"，这样的信息将永久保留在海关系统，违法风险随时将至。

　　实践中，跨境电商零售业务常见的问题主要有：

　　一是根据《商务部　发展改革委　财政部　海关总署　税务总局　市场监管总局关于完善跨境电子商务零售进口监管有关工作的通知》（商财发〔2018〕486号），对跨境电商零售进口商品按个人自用进境物品监管，不执行有关商品首次进口许可批件、注册或备案要求。但是属于该通知适用范围以外的，对于需要依法执行首次进口许可批件、注册或备案要求的化妆品、婴幼儿奶粉、医疗器械等商品，需要按照法律规定执行。违反上述规定的，依据《中华人民共和国海关行政处罚实施条例》可能不予放行，并被处以罚款。

二是跨境电商零售商品侵犯知识产权案例屡见不鲜，无论跨境电商采用自营、商户入驻或者其他模式，都面临着售卖商品涉及侵犯知识产权的风险。对此类侵权行为，根据《中华人民共和国知识产权海关保护条例》规定，对侵权商品进行查扣及没收。如果性质恶劣、情节严重，已经达到刑事案件立案标准，将以"侵犯知识产权罪"追究刑事责任。因此，经营者对于所销售商品的知识产权状况及是否具备合法使用知识产权的证明文件等问题应给予重视。

三是对于行业中普遍存在的"二次转单"，海关的认定标准和执法尺度也不尽相同，尽管依据相关规定，"未通过海关联网的平台实施交易，但只要属于跨境电商、属于零售商品、能够由快递或邮政等代理企业统一提供交易、支付、物流等电子信息，也可以享受优惠政策"。但是，"二次转单"仍可能被执法机关怀疑内容是否真实，是否以"二次转单"的形式掩盖"刷单"行为，是否存在二次销售的问题，也可能成为海关检查的重点。

对于市场监督管理部门行政处罚案例，本书案例重点分析了食品、药品和化妆品等特殊商品通过跨境交易容易构成违规的相关问题。

行政诉讼类案件可以大致区分为两种情况：一是跨境电商销售企业、支付企业、物流企业对海关行政处罚决定不服，以海关为被告提起行政诉讼；二是消费者对网上购买的跨境商品的价格、质量、规格等方面有异议，向海关、食品药品监督管理部门、市场监督管理部门等政府相关职能部门举报，并对相关政府职能部门的处理结果不服，以"不作为、乱作为"为由提起行政诉讼。本书通过行政诉讼判例对政府相关职能部门的监督管理职能进行了整理。

（袁　率）

申报不实，影响税款征收

【实务要点】

如实申报是进出口企业和个人应当履行的法定义务，如实申报的内容涵盖了进出口货物、物品的品名、税号、数量、规格、价格、贸易方式、原产地等要素。对于没有如实申报，即存在申报要素错误、单货不符等情事，同时不具备走私的主观故意而不能认定为走私行为的违法行为统称为申报不实。

海关对跨境电商的行政处罚中，申报不实影响国家税款征收的案件所占比例较大，申报的多个要素之中的一个出现申报不实，都有可能影响税款征收。同时，对于影响税款征收的行政处罚，其处罚结果较重，对此类处罚将处漏缴税款的 30% 以上 2 倍以下罚款，并处没收违法所得。

虽然《中华人民共和国海关法》《中华人民共和国海关行政处罚实施条例》等相关的法律法规尚未对跨境电商的违法违规问题做出专门的规定，对于一些带有跨境电商零售业务自身特点的问题，海关在行政处罚方面存在较多不确定性；但是现有的法律法规，加之政府部门的一系列规范性文件，足以覆盖跨境电商的进出口业务各个环节，基本可以做到"有错必罚"。所以，试图利用法规尚不健全而求"野蛮生长"、漠视合规经营的企业，应当尽快转变思想，把企业行为纳入合法合规的轨道。

【基本案情】　案号：岚关缉违字〔2019〕0001 号

2018 年 1 月 15 日，F 跨境电子商务有限公司向海关申报进口跨境电商个人网购乳胶枕一批，共涉及 356 条订单报文包裹。经查，356 条订单报文包裹收件人姓名、购买的数量不真实。经综合业务计核，356 条购买人信息申报不实的包裹电商税款和一般贸易税款的税差为人民币 50967.13 元。K 支付服务有限公司在

F 跨境电子商务有限公司 www.XXX.com 商城未发生实际钱款支付的情况下生成虚假支付信息报文，并推送至公共服务平台，其收取 F 跨境电子商务有限公司支付的服务费人民币 338.20 元。综上，F 跨境电子商务有限公司申报不实影响国家税款征收；K 支付服务有限公司未如实传输支付电子信息，构成违反海关监管规定的行为。根据《中华人民共和国海关行政处罚实施条例》第十五条第（四）项、第二十二条第（四）项之规定，决定对当事人做出如下行政处罚：1. 针对 F 跨境电子商务有限公司申报不实，影响国家税款征收的违规行为，科处罚款人民币 4 万元整。2. 针对 K 支付服务有限公司违反海关监管规定的行为，予以警告，科处罚款人民币 3 万元整，没收违法所得人民币 338.20 元。

【案件启示及风险提示】

一、案例中事实及行为定性问题的分析

我们尚不清楚 F 跨境电子商务有限公司是基于什么原因导致申报不实情事的发生，为什么 K 支付服务有限公司在 F 跨境电子商务有限公司 www.XXX.com 商城未发生实际钱款支付的情况下生成虚假支付信息报文，并推送至公共服务平台。行政处罚决定书只是简单描述"经查，356 条订单报文包裹收件人姓名、购买的数量不真实。经综合业务计核，……税差为人民币 50967.13 元"。虽然无法准确判断，但是可以将问题简单归纳为以下原因：第一是系统统计出错，第二是人工录入存在错误。但是这两点似乎都难以有效解释 F 跨境电子商务有限公司和 K 支付服务有限公司同时出错的情况。实际上，企业在三单比对范围内，因为系统原因和人工失误原因导致"收件人姓名、购买数量不真实"的错误是不易发生的。

如果跨境电商实施了违反海关法及其他有关法律、行政法规的行为，并且在申报过程中主观上存在逃避海关监管、偷逃税款或者逃避海关管制的故意，则其行为性质应当认定为走私而非违规；如果偷逃税额达到刑事案件的起刑点，即构成走私犯罪，应当依法追究刑事责任。实务中，还有的跨境电商零售企业一年内实施了多次走私行为，因属于小额多次走私入境情形而被追究刑事责任。上述案例看似简单平常，但是对于跨境电商零售企业来讲，应当从案例中查找问题，在企业自身经营方面对照检查，才能"见微知著，防微杜渐"，避免招致类似的行政处罚甚至更加严重的法律后果。

二、常见的跨境电商申报不实影响税款征收的情形

跨境电商零售业务中，比较常见的申报不实影响税款征收的情形主要包括：

首先是价格申报不实。在从价税税款计征方式下，货物运抵中国境内起卸前的货物价值及相关的运费、保险费、杂费构成的完税价格是税款计征的基础，此完税价格即国际贸易术语中的 CIF 价格。低报完税价格，必然影响税款征收，企业缴纳的税款必然少于应当缴纳的税款。跨境电商企业尤其要注重完税价格申报的真实性和准确性，根据《财政部 海关总署 国家税务总局关于完善跨境电子商务零售进口税收政策的通知》（财关税〔2018〕49 号）的规定："一、将跨境电子商务零售进口商品的单次交易限值由人民币 2000 元提高至 5000 元，年度交易限值由人民币 20000 元提高至 26000 元。二、完税价格超过 5000 元单次交易限值但低于 26000 元年度交易限值，且订单下仅一件商品时，可以自跨境电商零售渠道进口，按照货物税率全额征收关税和进口环节增值税、消费税，交易额计入年度交易总额，但年度交易总额超过年度交易限值的，应按一般贸易管理。"跨境电商零售企业如果因为申报不实，且恰恰超过单次交易 5000 元、年度 26000元的界限，漏缴税款的计算将按照一般贸易管理，即按照货物税率全额征税。如此计算，漏缴税额数额部分较大，最终处罚也较重。

其次，数量申报不实影响税款征收。文中所述案例即属于此种情况。在从量税计征方式下，数量申报不实对税款征收的影响是显而易见的，数量申报不实会影响到货物总价，并最终影响税款征收。跨境电商零售业中，因为数量申报不实而影响税款征收的案例比较常见，因为跨境电商零售进口具有小批量、多频次的特点，容易在数量上出问题。另外，部分跨境电商零售商还存在二次下单的情况，即接受跨境电商零售订单的平台并未与海关系统对接，接单后需要再次在与海关系统对接的平台二次下单，在二次下单的过程中，可能发生数量多报或漏报的情形，涉嫌违反海关监管规定。

此外，还包括税则号列、原产地申报不实等影响税款征收的情形。

三、律师建议

一是企业自行开展合规检查，利用系统演练和穿行测试等方式，查找企业在下单、核查、报关、物流、纳税等各个环节是否存在漏洞。

二是专门设立内部核查岗位，建立有效的合规管理制度。

三是利用主动披露的有利政策，对查找出的涉税类型违规行为主动向海关披露并补交税款，以避免行政处罚。

四是对于二次下单行为，更要关注二次下单行为对应的顾客姓名等信息及报关要素是否准确无误。

（袁 率）

"1210"（保税电商）方式涉嫌违规案例分析

【实务要点】

"1210"监管方式，全称为"保税跨境贸易电子商务"，简称"保税电商"，适用于境内个人或电子商务企业在经海关认可的电子商务平台实现跨境交易，并通过海关特殊监管区域或保税监管场所进出的电子商务零售进出境商品。

相比"9610"方式，"1210"方式具备到货快、商品贮备充足等特点。但同时由于"1210"方式较"9610"方式增加了保税仓储的环节，跨境电商企业有可能因为流程操作不规范而违反海关和相关部门的监管规定，遭受行政处罚。实践中，除了占比最大的"申报不实"类行政处罚之外，保税货物短少、未经许可擅自将海关监管货物开拆、提取、交付、发运、调换、改装、抵押、质押、留置、转让、更换标记、移作他用、跨境保税商品场外存货或者非正常快递出仓等违规情事的发生也比较普遍。

【基本案情】 案号：岚关缉违字〔2018〕0036号

2017年11月25日，B网络科技有限公司以保税电商监管方式申报进口德国喜宝奶粉一批，货值人民币282万元。该批货物纳入某综合试验区跨境贸易电子商务专用仓库的跨境电商保税备货管理，应存放于J跨境电商专用仓库。该批奶粉进口后，本案当事人A电子商务有限公司作为J跨境电商专用仓库经营管理方，因J保税仓库库存饱和，货物无法正常入仓，要求B公司将上述货物存放于两岸跨境电商、快件监管中心跨境电商保税专用仓库，对应货物仍使用J跨境电商专用仓库保税账册。当事人A电子商务有限公司的调仓行为未向海关报告，其调仓过程也未接受海关监管，并造成保税账册账货不符。A电子商务有限公司作为J跨境电商保税仓库经营管理者，对涉案保税货物的保管负有海关义务，在未经海关许可的情况下，擅自将备案应存放于 J 跨境电商专用仓库的跨境电商保税监管货物转移存放于其他跨境电商保税专用仓库，造成海关监管活动中断，已构成违反海关监管规定的行为。

根据《中华人民共和国海关行政处罚实施条例》第十八条第一款第一项之规定，决定对 A 电子商务有限公司做出如下行政处罚：科处罚款人民币 3 万元整。

【案件启示及风险提示】

一、案件分析

本案中，A 电子商务有限公司作为 J 跨境电商专用仓库经营管理方，因为保税仓库库存饱和，货物无法正常入仓，要求 B 公司将上述货物存放于其他保税仓库，违反了海关监管规定，应予处罚。分析本案例，认为存在两个问题：

第一个问题是该行政处罚的处罚结果畸轻。根据《中华人民共和国海关行政处罚实施条例》第十八条的规定，有下列行为之一的，处货物价值 5% 以上 30% 以下罚款，有违法所得的，没收违法所得：（一）未经海关许可，擅自将海关监管货物开拆、提取、交付、发运、调换、改装、抵押、质押、留置、转让、更换标记、移作他用或者进行其他处置。本案涉案货物价值 282 万元，按照处罚最低标准即"处货物价值 5%"的标准计算，应当处以 14.10 万元罚款。本案对于 A 公司给予 3 万元的处罚，属于低于法定幅度之下的"减轻处罚"。根据《中华人民共和国行政处罚法》第二十七条的规定，当事人有下列情形之一的，应当依法从轻或者减轻行政处罚：（一）主动消除或者减轻违法行为危害后果的；（二）受他人胁迫有违法行为的；（三）配合行政机关查处违法行为有立功表现的；（四）其他依法从轻或者减轻行政处罚的。违法行为轻微并及时纠正，没有造成危害后果的，不予行政处罚。但是《中华人民共和国海关行政处罚实施条例》并未对从轻减轻处罚的情形做出明确规定。执法实践中，海关依据内部规定，在《中华人民共和国行政处罚法》规定减轻处罚情形基础上，结合海关业务特点，对情节较轻且对于海关监管影响较小的行为予以减轻处罚，但是海关的该减轻处罚行为的理由不能在《行政处罚决定书》中作为法律依据援引，因此在《行政处罚决定书》中并未描述减轻处罚的事实及理由。

第二个问题是在处罚 A 公司的同时是否应当对 B 公司处罚。根据案例描述，该批奶粉进口后，仓库经营管理方 A 公司因为保税仓库库存饱和，货物无法正常入仓，所以要求 B 公司将上述货物存放于另外一间跨境电商保税专用仓库，B 公司按照 A 公司的提示但未按照海关监管的要求将货物存放指定保税仓库。案件中 B 公司负责货物运输入仓，对于 B 公司是否应当承担责任，还需区分具体情况。如果 B 公司明知货物应当存放于海关备案仓库，而 A 公司另外指定保税仓库存放是因为海关备案仓库库存饱和、无法存放等原因"不得不"为之，则 B 公司主观上存在过错，客观上完成了送货入仓的行为，虽然对此违法情事 A 公司应当负主要责任，但是不能免除 B 公司的责任，B 公司应当被行政处罚。如果 B 公司本身并不知情，只是按照 A 公司指示，认为该仓库即是海关备案仓库；则 B 公司主观无过错，虽然完成了送货入仓的行为，但是不应由此承担责任。

二、保税电商模式还应注意的其他违规问题

首先，应当避免保税货物短少违规。实践中，仓储企业可能由于多方面的原因出现库存不准确的问题，在海关稽查、核查的过程中，盘点库存的时候"盘亏"和"盘盈"的情况都有，同时也存在不同种类的保税货物"短少"和"溢多"的情况。根据《中华人民共和国海关行政处罚实施条例》第十八条第三项：经营海关监管货物的运输、储存、加工、装配、寄售、展示等业务，有关货物灭失、数量短少或者记录不真实，不能提供正当理由的；……处货物价值 5% 以上 30% 以下罚款，有违法所得的，没收违法所得。以"1210"方式进入海关特殊监管区域或保税物流中心（B 型）的跨境电商货物，所有权虽属于电商企业（境外主体），但在"进境货物备案清单"上的申报主体是区内仓储企业，货物也是登记在仓储企业的账册之下；另外，对于跨境电商保税展示业务也经常以保税仓储企业名义开展。因此，出现"无因短少"的情况，海关行政处罚对象很可能是仓储企业。

其次，需要防止跨境保税商品非正常快递出区。跨境商品出区需要严格遵守海关规定，待正式放行之后出区，无论跨境电商零售商家还是仓储企业，都应当避免跨境保税商品非正常快递出区。非正常快递出区具体形式包括：（1）将已电子申报但尚未获得放行指令的商品打包快递出区；（2）将未电子申报的商品打包快递出区进行二次销售；（3）将未电子申报的商品打包快递出区，在线下展示店做实体销售；（4）将由于系统原因未能成功推送电子数据进行电子申报的商品打包快递出区。根据《中华人民共和国海关行政处罚实施条例》第十九条，有下列

行为之一的，予以警告，可以处物品价值 20% 以下罚款，有违法所得的，没收违法所得：未经海关许可，擅自将海关尚未放行的进出境物品开拆、交付、投递、转移或者进行其他处置的……对于以上跨境保税商品非正常快递出区的违规行为，按照上述规定做出处罚。

三、律师建议

一是仓储企业既要和货主企业加强沟通，完善运输入仓流程问题以提升管理水平，还要针对"无因短少"等较容易发生又处罚较重的问题进行积极自查，发现问题尽早解决；

二是完善管理制度，对于制度的起草、完善和执行应当遵守海关监管要求，以此为基础合理利用管理软件，设置自动提醒预警，针对跨境保税商品违法出仓问题设置内部审核岗位，建立定期抽查制度；

三是合理利用主动披露制度，对于发现的问题主动披露、补交税款，以争取海关从轻、减轻或免予处罚；

四是建议立法机关比照《中华人民共和国行政处罚法》修改和完善《中华人民共和国海关行政处罚实施条例》，对于从轻、减轻及免除行政处罚的情形予以明确，便于行政处罚的公开透明。

（袁　率）

线下销售跨境电商进口食品，可能构成多重违规

【实务要点】

当前，国家对于跨境电商的管理政策法规尚未形成体系，尤其对食品类跨境电商商品的监管还存在管理不规范、执法尺度不统一的问题，但是对于现有的"硬性"规定，跨境电商企业和相关从业人员应当严格遵照执行。

食品类商品在跨境电商零售商品中所占体量较大。2019年12月，财政部等13个部门联合发布《关于调整扩大跨境电子商务零售进口商品清单的公告》，公布的2019年版清单纳入了部分近年来消费需求比较旺盛的商品，增加了冷冻水产品、酒类等92个税目的商品。对食品类商品，商家考虑的问题是此类商品需求大，并且很多商品很"抢手"，通过跨境电商零售无论是9610方式还是1210方式都存在订货周期长、难以较快送货等不利因素，因此采取了利用跨境电商渠道进口商品，然后线下实体店销售的方式。

实践中，部分商家采取与跨境电商或境外供货商签订线下展示销售协议，通过违法手段进口与线上商品一致的商品，利用线下平台销售，此种情事显然已经违反了《中华人民共和国海关法》及跨境电商的相关政策法规，根据《中华人民共和国海关行政处罚实施条例》应当认定为是走私行为或者违反海关监管规定的行为；如果涉嫌偷逃税款数额较大、情节恶劣，则很有可能触犯刑律。此外，还极有可能违反《中华人民共和国食品安全法》及相关法律法规，由市场监督管理部门做出行政处罚决定。因此构成多重违规。

【基本案情】 案号：舟市监定处字〔2019〕241号

2019年5月5日，Z市市场监督管理局（以下简称"执法机关"）对当事人苗某的营业场所进行检查，在跨境商品陈列区域发现6罐无中文标识的婴幼儿奶

粉，苗某涉嫌经营标签不合格的婴幼儿奶粉，执法机关依法将上述 6 罐婴幼儿奶粉予以扣押。经调查查明，苗某系个体工商户经营者，于 2014 年 4 月 24 日经核准成立，主营业务为食品经营等。2018 年 6 月 6 日，苗某经核准登记领取了食品经营许可证。2017 年至 2018 年间，苗某陆续在其经营场所以员工现场收款的方式销售无中文标签德国某品牌婴幼儿奶粉 26 罐，销售单价为 210 元 / 罐，这批婴幼儿奶粉的实际收款金额为 5458 元。检查当日，执法机关在苗某营业场所跨境商品陈列区域查获的 6 罐无中文标签婴幼儿奶粉的货值金额为 1354 元。苗某未能说明该 6 罐婴幼儿奶粉来源，也未能说明已销售给顾客的无中文标签婴幼儿奶粉来源；未能提供婴幼儿奶粉购买凭证，也未能提供相应的海关报关单及进出口货物检验检疫证明。执法机关认定当事人苗某经营无中文标签婴幼儿奶粉的货值金额为 6812 元。

执法机关认为，当事人苗某销售无中文标签的婴幼儿奶粉，不符合食品标签规定，已构成销售标签不合格食品的违法行为。当事人销售无中文标签婴幼儿奶粉，未能说明产品来源，未能提供购买凭证，未能提供合格证明文件，未尽食品标签一般查验义务，已构成未尽食品进货查验义务的违法行为。

综上，执法机关决定对当事人苗某作如下处罚：一、警告；二、没收本局现场扣押的 6 罐无中文标签婴幼儿奶粉；三、罚款人民币 15000 元。

【案件启示及风险提示】

一、案例分析

本案中，虽然当事人苗某可以将涉嫌违法的婴幼儿奶粉解释成跨境商品，也可能提供所谓的与跨境电商企业或者境外供货商签署的线下展示协议，但是无法提供进货、库存、系统销售的记录，也不能提供进口食品的海关报关单证及进出口货物检验检疫证明。可以判断，本案中涉嫌违法的跨境电商商品，其进口渠道存有疑问，跨境电商线下销售的模式可能是虚构的，可能利用他人身份信息"刷单"购买线上商品并集中在线下销售，也可能通过"水客"带货的方式走私进口所销售的商品。根据《商务部 发展改革委 财政部 海关总署 税务总局 市场监管总局关于完善跨境电子商务零售进口监管有关工作的通知》商财发〔2018〕486 号的规定，"对企业和个体工商户在国内市场销售的《跨境电子商务零售进口商品清单》范围内的、无合法进口证明或相关证明显示采购自跨境电商零售进口渠道的商品，市场监管部门依职责实施查处"。因此，市场监管部门对此类案件有查处的权力。

根据《国家食品药品监管总局办公厅关于食品跨境电子商务企业有关监管问题的复函》（食药监办食监二函〔2016〕630号）的规定，"食品跨境电商企业在线下开设展示（体验）店，但实际有销售行为的，需要按照规定办理《食品经营许可证》，所销售的食品需符合食品安全法律法规、食品安全标准的规定"。可见，即便是跨境电商线下销售的婴幼儿奶粉也应当符合食品安全法律法规的规定。苗某销售婴幼儿奶粉不可能按照跨境商品管理，其销售行为应当符合国内食品销售的法律法规要求，符合国产或进口食品的资质、标签、销售等要求。本案中当事人不能证明其销售的婴幼儿奶粉是合法进口食品或国产食品，违反了食品标签安全要求，显然不能依据跨境电商对食品标签的要求免于处罚。

二、相关法律条文解读

当事人销售无中文标签婴幼儿奶粉的行为，依照《食品安全国家标准预包装食品标签通则》（GB7718-2011）"应使用规范的汉字（商标除外）。具有装饰作用的各种艺术字，应书写正确，易于辨认"的规定，及《中华人民共和国食品安全法》关于预包装食品的标签应当以规范的汉字标明的规定，属于生产经营无标签的预包装食品、食品添加剂，或者生产标签、说明书不符合法律规定的食品、食品添加剂的违法行为。

当事人在购进上述婴幼儿奶粉时，未履行食品标签一般查验义务，又无法向执法机关提供上述婴幼儿奶粉的购买凭证、海关报关单证及进出口货物检验检疫证明等，其行为已违反了《中华人民共和国食品安全法》第五十三条第一款"食品经营者采购食品，应当查验供货者的许可证和食品出厂检验合格证或者其他合格证明（以下简称'合格证明文件'）"之规定，属于进货时未查验食品合格证明文件违法行为。从以上规定可以看出，本案例中行政机关做出的行政处罚是合理合法的。

三、律师提示

虽然现有政策对跨境电商零售进口商品按个人自用进境物品监管，不执行有关商品首次进口许可批件、注册或备案要求；但是线上销售和线下自营店同步运作的企业，对于自身的经营行为是否符合《中华人民共和国食品安全法》应当尤为关注。同时，对于二次销售的行为我们应当具有清醒的认识，通过任何伪造的形式进行二次销售，都是利用合法形式掩盖非法目的。

（袁　率）

电商企业违法销售进口化妆品构成违法

【实务要点】

化妆品作为特殊商品，在贸易项下进口和国内销售都需要遵守较为严格的规定。在进口环节，要求化妆品经商检部门检验合格并备案，如果是特殊用途化妆品，还需要获得国务院化妆品监管部门批准；如进口或销售未经商检、批准的化妆品，依法将被查处。对跨境电商零售领域的监管相比一般贸易要宽松很多，目前化妆品已经纳入跨境电商零售进口商品正面清单，对其直购进口或网购保税进口均不执行首次进口许可批件、注册或备案要求，免于检验。

随着跨境电商监管政策的不断变化、调整和完善，从事跨境电商业务的企业应根据政策的改变对自身的经营策略及方向进行调整，在保证业务合法合规的前提下提高自身盈利能力。

【基本案情】 案号：沪监管长处字〔2018〕第 052018000081 号

经查，某进出口公司（以下简称"该公司"）自 2017 年 7 月 13 日起至 12 月 31 日止，在某宝网的店铺上进行跨境电子商务零售进口商品销售。

该公司上述店铺 2017 年 11 月 27 日销售的 2 瓶"日本 Labo 城野医生 O₂ 富氧多肌能草本保湿修复面霜啫喱 80ɡ"不属于网购保税商品，该产品产地为日本，未取得国家商检部门检验。上述 2 瓶产品销售金额为人民币 564 元，当事人接受消费者退货并进行了全额退款，没有获利。案发后，当事人于 2017 年 12 月 31 日将上述店铺关闭停止运营。

执法部门认为，该公司的上述行为，违反了《化妆品卫生监督条例》第十六条第一款的规定。鉴于该公司涉案产品仅销售出 2 瓶，之后进行了退货退款并在案发后即对产品进行下架处理，并于 2017 年 12 月 31 日将上述店铺关闭停止运营，决定对该公司处罚如下：没收"日本 Labo 城野医生 O_2 富氧多肌能草本保湿修复面霜啫喱 80 g" 2 瓶。

【案件启示及风险提示】

一、案例分析

本案中，根据处罚决定书的描述，该公司"上述店铺 2017 年 11 月 27 日销售的 2 瓶日本 Labo 城野医生 O_2 富氧多肌能草本保湿修复面霜啫喱 80 g 不属于网购保税商品，该产品产地为日本，未取得国家商检部门检验"，此处的"网购保税商品"，应该理解为"跨境电子商务零售进口商品清单之中的商品"，因为案发时化妆品并不在当时的《跨境电子商务零售进口商品清单》之中，按规定其进口需要经过检验。该公司进口并销售给消费者的化妆品未经商检部门检验，依法需承担法律责任。

现有规定已经对跨境电商零售进口化妆品"松绑"，根据《商务部　发展改革委　财政部　海关总署　税务总局　市场监管总局关于完善跨境电子商务零售进口监管有关工作的通知》（商财发〔2018〕486 号）规定："对跨境电商零售进口商品按个人自用进境物品监管，不执行有关商品首次进口许可批件、注册或备案要求。"《海关总署关于跨境电子商务零售进出口商品有关监管事宜的公告（2018）》（海关总署公告 2018 年第 194 号）也有类似规定。

二、律师提示

一般贸易中，化妆品的进口及销售需经商检，取得批准或备案。根据《化妆品卫生监督条例（2019 修正）》第十六条第一款规定："进口的化妆品，必须经国家商检部门检验；检验合格的，方准进口。"除了需经检验之外，有些化妆品进口需获得批准，而有些只需备案即可。如《化妆品卫生监督条例》规定："首次进口的特殊用途化妆品，进口单位必须提供该化妆品的说明书、质量标准、检验方法等有关资料和样品以及出口国（地区）批准生产的证明文件，经国务院化妆品监督管理部门批准，方可签订进口合同。首次进口的其他化妆品，应当按照规定备案。"其中，"特殊用途化妆品"的监管条件更加严苛。"特殊用途化妆品"是指用于育发、染发、烫发、脱毛、美乳、健美、除臭、祛斑、防晒的化妆品。《化妆品卫生监督条例》规定，化妆品经营单位和个人不得销售无质量合格标记的化妆品。

如相关企业违反上述规定，未取得商检或批准即实施进口，根据《化妆品卫生监督条例》第二十六条的规定："违反本条例规定，进口或者销售未经批准或者检验的进口化妆品的，没收产品及违法所得，并且可以处违法所得三到五倍的罚款。"

（卢玉军）

跨境电商平台药品销售的法律风险

【实务要点】

网络销售药品或者提供交易药品的网络服务，需要根据《中华人民共和国药品管理法》及相关规定，取得药品经营许可、互联网药品交易服务资格证书及互联网药品信息服务资格证书。交易网页需要注明生产企业、使用频次、主治疾病、禁忌及注意事项等内容，否则构成违规，面临行政处罚。

对于境外包括港、澳、台地区的药品，根据法律规定，其进口需要取得药品批准证明文件。《中华人民共和国药品管理法》（2015 修订）将销售未取得批件的进口药品以销售假药论处，严重者构成销售假药罪，需承担刑事责任。《中华人民共和国药品管理法》于 2019 年修订后，不再将该情形按销售假药处理；但销售未取得批件的进口药品仍具有违法性，可能需承担行政甚至刑事责任，面临较大的违法风险。

【基本案情】 案号：沪市监普处〔2019〕072019000911 号

某网络科技有限公司（以下简称"该公司"）为一家跨境电商企业，其于2019 年 4 月至 2019 年 6 月间，多次从香港某公司购买药品，由香港某公司将药品直接从香港寄送，后该公司将药品在其经营的网站进行销售。该公司分别销售了"参天 FXVPlus""参天 FXNeo 眼药水""喉痛露喷剂""特效消炎镇痛药液"4到 15 瓶不等，销售金额合计为 2573.91 元。

市场监督管理部门根据举报对该公司网络销售药品进行调查。经查，该公司未取得药品经营许可证和互联网药品信息服务资格证书；并对公司提供的实物进行研判，认为上述商品均为药品。该公司违法所得为 2573.91 元，货值金额2573.91 元。

后市场监管部门依法责令该公司停止无证经营药品的行为，并对该公司做出处罚如下：

一、没收违法所得人民币 2573.91 元；

二、处以货值金额 3 倍罚款，即人民币 7721.73 元。

【案件启示及风险提示】

一、网络销售药品需要取得相关许可

根据现有政策，此案例中被处罚企业并非严格意义上的跨境电商企业，但在本案中，行政机关认定该公司为跨境电商企业，并因其在自家网站销售药品给予了行政处罚，所以本文重点对网络销售药品的合法性问题尤其是行政许可的相关问题进行分析。

根据《中华人民共和国药品管理法（2019 修订）》第五十一条规定，从事药品零售活动，应当经所在地县级以上地方人民政府药品监督管理部门批准，取得药品经营许可证。无药品经营许可证的，不得经营药品。违反者，根据《中华人民共和国药品管理法（2019 修订）》第一百一十五条的规定，除责令关闭，没收违法生产、销售的药品和违法所得之外，还需处以罚款，罚款标准为"违法生产、销售的药品（包括已售出和未售出的药品）货值金额十五倍以上三十倍以下的罚款；货值金额不足十万元的，按十万元计算"。本案中，该公司并未取得药品经营许可，对其实施处罚符合法律规定。但由于市场监管部门以该公司违法销售药品给予处罚时，依据的是 2015 年版《中华人民共和国药品管理法》，其第七十二条规定的罚款标准为"货值金额二倍以上五倍以下的罚款"，故仅处以货值金额 3 倍罚款 7721.73 元。现行《中华人民共和国药品管理法》规定的处罚幅度已大幅增加。

此外，在网上销售药品，除需取得药品经营许可外，还需要其他的许可。依照《国家食品药品监督管理局发布关于印发〈互联网药品交易服务审批暂行规定的通知〉》（国食药监市〔2005〕480 号）第四条规定，从事互联网药品交易服务的企业必须经过审查验收并取得互联网药品交易服务机构资格证书。根据《互联网药品信息服务管理办法（2017 修正）》的规定，经营的网站还必须经各省、自治区、直辖市食品药品监督管理部门审核，取得互联网药品信息服务资格证书方可发布药品相关的信息。因此，该公司既未取得药品经营许可证，也没有互联网药品交易服务资格证及互联网药品信息服务资格证书，即在公司经营的网站上向个人消费者销售药品，显然已经违反了诸多规定，依法应承担相应的法律责任。

二、跨境电商平台企业能否提供网络交易药品信息服务

经查询，该公司同时具备跨境电商企业和跨境电商平台企业两个"身份"。如将该公司的身份界定为跨境电商平台，其仅仅作为第三方平台，为入驻的跨境电商企业提供药品网络信息服务，自身并不销售药品，这种情况下，是否会被处罚。

答案是，如未取得相关许可，仍会被处罚。分析如下：

《互联网药品信息服务管理办法（2017修正）》第二条第二款规定："互联网药品信息服务，是指通过互联网为上网用户提供药品（含医疗器械）信息的服务活动。"第五条规定，拟提供互联网药品信息服务的网站，需先向省一级食药监管部门申请取得提供互联网药品信息服务的资格。

因此，该公司经营的跨境电商平台作为提供互联网药品信息服务的网站，需要取得相关资格，否则不得在网上提供药品信息服务。如有违反，根据《互联网药品信息服务管理办法（2017修正）》的规定，将由国家食品药品监督管理总局或者省、自治区、直辖市食品药品监督管理部门给予警告，并责令其停止从事互联网药品信息服务；情节严重的，移送相关部门，依照有关法律、法规给予处罚。

三、销售未取得批准进口的香港药品是否属于销售假药

一直以来，我国对于销售药品控制非常严格，如果是销售未经批准进口的境外药品，即便是境外合法上市的，也按照销售假药进行查处。《中华人民共和国药品管理法（2015修订）》第四十八条第二款第二项规定，"依照本法必须批准而未经批准生产、进口，或者依照本法必须检验而未经检验即销售的"，按生产、进口、销售假药论处。本团队代理的多宗涉嫌销售假药的案例，涉案原因多是销售了从香港进境的、在香港作为家常药的药品。根据《刑法》规定，销售假药罪可以判处三年以下有期徒刑或者拘役，并处罚金；如果对人体健康造成严重危害直至死亡或者有其他特别严重情节的，还可处三年、十年以上有期徒刑直至死刑，并处罚金或没收财产。实践中，如果销售普通的港药，没有造成人体健康

危害的，处罚会相对较轻。

对于进口、销售境外合法上市的药品，《中华人民共和国药品管理法（2019 修订）》不再按假药论处，并规定"未经批准进口少量境外已合法上市的药品，情节较轻的，可以依法减轻或者免予处罚"。因此，销售未取得批准进口的境外（包括港澳台地区）合法上市药品，不再按销售假药论处；如少量进口，但没有造成他人伤害后果或者延误诊治等情节、显著轻微危害不大的，可减轻或免予处罚。但需注意的是，我国仍禁止进口、销售未取得药品批文的药品，《中华人民共和国药品管理法（2019 修订）》第一百二十四条就规定了，进口、销售未取得药品批准证明文件的药品的，处没收药品和违法所得，并处药品货值金额十五倍以上三十倍以下的罚款等；情节严重的，可吊销药品生产及经营许可证；对法定代表人、主要负责人等责任人员罚款，甚至终身禁止从事药品生产经营活动，处行政拘留等。此外，由于未经许可经营法律、行政法规规定的专营、专卖物品或其他限制买卖的物品的，情节严重的构成非法经营罪；所以，如大量进口、销售境外合法上市的药品，仍有涉嫌"非法经营罪"的风险。故笔者建议，广大经营者在进口及销售境外药品（包括香港地区）前，应先取得相关药品批准证明文件，避免违法风险。

（卢玉军）

跨境电商进口商品的质量安全监管职能部门的认定

【实务要点】

消费者通过跨境电商购买进口食品，如有证据显示商品存在质量问题，如超过保质期或有效期、商品或包装损毁等，消费者直接向境外销售者追责存在困难时，可以向其境内代理人或跨境电商平台主张权利，也可以选择向市场监督管理部门或海关投诉，维护自己的合法权益。如果错误选择救济途径，不但费时费力，而且无法得到政府部门或司法机关的支持。

2018 年 3 月，出入境检验检疫部门的机构及相关职责并入海关，海关对跨境电商零售商品的监管除了通关管理、税收征管、物流监控等方面之外，同时拥有了对跨境商品质量安全方面的相关监管职责，此外法律还赋予了市场监督管理部门对于跨境电商进口商品的监管职责。在现有法律和政策的框架下，上述商品的质量安全监管缺失的问题得以解决。

【基本案情】 案号：（2017）京 02 行终字 578 号

2016 年 2 月，薛某在某公司经营的跨境电子商务交易平台上购买了 22 件"澳洲 BioIsland 婴幼儿全天然液体乳钙胶囊（28 天以上）90 粒"。后薛某发现该乳钙胶囊的生产日期与实际不符以及存在违法添加乳钙的情况，便于 2016 年 3 月 16 日、4 月 7 日向食药监局举报投诉该公司，要求食药监局依法查处该公司的违法行为，同时要求食药监局组织调解，退款并 10 倍赔偿。食药监局于 2016 年 3 月 21 日、4 月 7 日，对该公司进行现场检查，未发现被举报产品摆放销售。

后食药监局调查发现，该公司具有合法的营业执照和食品销售许可证，其自营的电子商务交易平台已按照海关总署的公告要求进行备案并且与海关联网。认为薛某系通过跨境电子商务交易平台购买涉诉商品，属于跨境电子商务，不属于食药监部门管辖。故对薛某的举报做出不予立案的告知书。

薛某对食药监局的处理决定不服，向区人民法院提起行政诉讼，请求撤销食药监局的告知书，并重新给予答复。法院经审理认为，依据当时生效的海关总署公告2014年第56号规定，"电子商务企业或个人通过经海关认可并且与海关联网的电子商务交易平台实现跨境交易进出境货物、物品的，按照本公告接受海关监管。"薛某为境内公民，其通过与海关联网的电子商务交易平台进行跨境交易，订单性质为保税区订单，应纳入公告规定范畴由海关予以监管。而由于该产品的销售系在保税区进行，不在《中华人民共和国食品安全法》规定的境内范围，故不属于食药监部门管辖，其不立案并无不妥。后于2017年2月27日判决驳回薛某的诉讼请求。薛某对判决不服，上诉至中级人民法院。中院于2017年5月31日驳回了薛某的上诉请求。

状告食药监局不成后，薛某认为跨境电商应该属于海关管辖，便于2017年6月7日向海关总署进行举报，请求海关总署进行处理，并依法给予举报奖励。

2017年8月15日，受理海关向薛某做出《信访事项答复书》（编号：2017003），认为，根据《中华人民共和国食品安全法》规定，进口的食品、添加剂由出入境检验机构负责检验，海关仅仅根据海关总署公告2014年第56号的规定接受申报和验放。故对于添加剂问题，建议其咨询相关主管部门，生产日期问题则向进口商咨询。

2017年8月17日，薛某向海关总署提出信息公开申请，就其举报的受理情况，及答复时间、答复方式进行公开。2017年12月11日，海关总署告知薛某，该举报已于2017年8月15日由受理海关做出答复。

2018年1月，薛某向中级人民法院起诉，请求认定海关总署对其举报事项未在法定期限答复，属不履职违法，并要求海关总署办结举报事宜并予以答复。中院经审理认为，薛某的交易行为属于跨境贸易电子商务性质，根据《中华人民共和国海关法》《海关总署关于跨境贸易电子商务进出境货物、物品有关监管事宜的公告》（2014年第56号）以及现行有效的《海关总署关于跨境电子商务零售进出口商品有关监管事宜的公告》（2016年第26号）相关规定，海关对跨境电商进口食品的监管集中在通关管理、税收征管、物流监控等方面。在通关管理环节，仅要求电子商务企业、支付企业、物流企业等提交交易、支付、物流等信息；在税收征管、物流监控等方面，亦无针对涉案食品安全问题进行监管的职责。故薛某所举报的事项不属于海关监管职责范围。

2018年5月9日，中级人民法院做出判决，驳回薛某的诉求。薛某再次上诉，请求高院撤销原判，支持其诉讼请求。2018年10月25日，高院做出判决，维持原判。

【案件启示及风险提示】

一、跨境电商进口的商品属于什么性质

《海关总署关于跨境电子商务零售进出口商品有关监管事宜的公告》（海关总署公告2018年第194号）第一条规定："跨境电子商务企业、消费者（订购人）通过跨境电子商务交易平台实现零售进出口商品交易，并根据海关要求传输相关交易电子数据的，按照本公告接受海关监管。"

可见，跨境电商是消费者在网上下单，从境外销售者处购买货物并支付货款，境外销售者自境外发货，双方就货物的购买、销售达成合意并支付货款，即交易行为发生在境外。也因此，案例中北京市东城区法院、北京市第二中院、北京市高院等均认为薛某购买商品的行为发生在境外。

根据海关总署公告2018年第194号规定，对跨境电子商务直购进口商品及适用"网购保税进口"（监管方式代码1210）进口政策的商品，按照个人自用进境物品监管，商品的性质属于个人物品。

二、通过跨境电商进口的商品存在质量问题，哪个机关具有监管职责

根据《中华人民共和国产品质量法》《中华人民共和国食品安全法》等相关法律规定，有权对产品（包括食品）质量监管的机构为市场监督管理部门（原来负责监管食品安全的食品药品监督管理局于2018年3月国务院机构改革后并入市场监督管理局）。但是，《中华人民共和国产品质量法》第二条规定："在中华人民共和国境内从事产品生产、销售活动，必须遵守本法。"《中华人民共和国食品安全法》第二条规定，在我国境内食品、食品添加剂及相关产品的生产、加工、经营等均应遵守我国食品安全法。根据前述分析，跨境电商进口的产品，其交易行为发生在境外（包含境内关外），故市场监督管理部门无权对这些个人物品的质量安全等进行监管。这也是在本案例中，区法院、中院当时认为食药监局对薛某购买的产品不具监管职责的原因。

同时，中院及高院也认为，根据海关总署的相关规定，海关对于进口的货物、物品的质量问题没有监管职责。这里原因有二：一是当时生效的《中华人民共和国海关法》及《海关总署关于跨境电子商务零售进出口商品有关监管事宜的公告》（2016 年第 26 号），并没有要求海关对进口商品的质量进行监管；二是当时对进口商品有监管职责的出入境检验检疫部门仍是独立部门，直至 2018 年 3 月国务院机构改革并入海关。

那哪个部门对通过跨境电商进口的商品的质量安全有监管职责呢？

《中华人民共和国进出口商品检验法实施条例（2019 修订）》第二条规定："海关总署主管全国进出口商品检验工作。海关总署设在省、自治区、直辖市以及进出口商品的口岸、集散地的出入境检验检疫机构及其分支机构，管理所负责地区的进出口商品检验工作。"第十九条规定，涉及人身财产安全、健康、环境保护项目不合格的，由出入境检验检疫机构责令当事人销毁，或者出具退货处理通知单，办理退运手续；或在出入境检验检疫机构的监督下进行技术处理；出入境检验检疫机构对检验不合格的进口成套设备及其材料，签发不准安装使用通知书。故，海关总署对进口商品的质量安全问题具有监管职责。此外，《中华人民共和国食品安全法（2018 修正）》第九十一条规定，国家出入境检验检疫部门对进出口食品安全实施监督管理；第九十二条规定，进口的食品、食品添加剂应当经出入境检验检疫机构依照进出口商品检验相关法律、行政法规的规定检验合格。而今，出入境检验检疫部门已并入海关，故相关职责也由海关履行。

海关总署对该问题也有所规定，如海关总署公告 2018 年第 194 号规定："对超过保质期或有效期、商品或包装损毁、不符合我国有关监管政策等不适合境内销售的跨境电子商务零售进口商品，以及海关责令退运的跨境电子商务零售进口商品，按照有关规定退运出境或销毁。"

除海关有监管职责之外，根据《关于完善跨境电子商务零售进口监管有关工作的通知》（商财发〔2018〕486 号，2019 年 1 月 1 日生效）规定，"建立跨境电商零售进口商品重大质量安全风险应急处理机制，市场监管部门加大跨境电商零售进口商品召回监管力度，督促跨境电商企业和跨境电商平台消除已销售商品安全隐患，依法实施召回"，市场监管部门对进口商品也具有监管的职责。

至此，我们可以对跨境电商进口商品质量的监管部门的沿革发展及其职责进行简单梳理如下：

1．食品药品监督管理局对我国境内食品、食品添加剂及相关产品的生产、加工、经营等有监管职责。但对跨境电商进口的个人物品没有监管职责。2018年3月，在国务院机构改革后国家食药监总局与国家工商行政管理总局、国家质量监督检验检疫总局（其中，下属的出入境检验检疫管理职责和人员划入海关总署）三局一起组建国家市场监督管理局，食药监局的职能由市场监督管理局行使。根据商财发〔2018〕486号规定，市场监管部门有对跨境电商零售进口商品召回实施监管、督促跨境电商企业和跨境电商平台消除已销售商品安全隐患的职责，并且负有对企业和个体工商户销售跨境电商零售进口渠道的商品实施查处的职责。

2．国家出入境检验检疫部门（包括国家质检总局设在省、自治区、直辖市以及进出口商品的口岸、集散地的出入境检验检疫局及其分支机构）对进出口商品、进出口食品具有监管职责。在2018年3月国务院机构改革后，出入境检验检疫部门被并入海关。此后，原来对跨境电商进口商品的监管仅集中在通关管理、税收征管、物流监控等方面的海关，也随着出入境检验检疫部门的并入而对跨境电商进口商品的质量有了监管职责。

三、消费者购买的商品出现质量问题如何维权

以下几个方面可以考虑：

1．追究跨境电商企业及其境内代理人的责任。商财发〔2018〕486号文规定，跨境电商企业承担商品质量安全的主体责任。其销售的货物存在质量问题，依法应承担相应的赔偿责任。其在境内的代理人则须承担连带赔偿责任。

2．通过跨境电商平台维护合法权益。商财发〔2018〕486号文规定，跨境电商平台应当"建立消费纠纷处理和消费维权自律制度，消费者在平台内购买商品，其合法权益受到损害时，平台须积极协助消费者维护自身合法权益，并履行先行赔付责任"。

3．向海关及市场监管部门进行投诉。根据商财发〔2018〕486号文规定，海关及市场监管部门如市场监督管理局对进口的商品质量有检验及质量安全风险监测和商品召回的监管职责，并且可以追究相关经营主体责任。故可借助这些部门的力量，达到维权的目的。

4．最后，消费者也需对其中的风险承担一定责任。虽然购买的境外商品符

合外国的有关质量、安全、卫生等标准要求，但可能与我国的标准存在差异。并且，可能无中文标签。消费者在购买前应当认真、详细阅读电商网站上的风险告知书内容，结合自身承受能力做出判断，承担相关风险。

（卢玉军）

民商事案例 >>>>

跨境电商领域民商事案件综述

跨境电商交易主体、交易过程的特殊性，决定了跨境电商领域的民商事纠纷，既带有民商事案件的一般特点，又带有跨境电子商务的鲜明特点。

一个完整的跨境电子商务交易，会涉及多个民商事主体，有境外经营者、境内经营者、电商交易平台经营者、物流服务经营者、进口通关服务经营者等等。这些主体，或者各自独立，或者身份重叠，或为企业法人，或为单独个人，商业关系纷繁复杂。但就纠纷而言，可以简要概括为三个方面的主体，即卖方、买方和平台企业，又或者称为经营者、消费者和平台经营者。

从买方或者消费者的角度，纠纷往往产生于所购买的境外商品不符合合同的约定，或者不符合法律的规定，此时买方作为原告方，权益应如何主张？从卖方或者经营者的角度，重点则在于买方或者消费者提起诉讼后，作为被告一方，是否应当承担责任、承担何种责任。从平台企业的角度，更多的是作为第三方，对其他主体之间的纠纷，是否应承担连带责任。

不同的角度和立场，会有截然不同的观点；而相同的角度和立场，其观点也并非当然一致，有时甚至迥然各异。在实务中，情形类似的个案会因为案件事实、举证情况、审判观点的不同，而出现不同的裁判结果。为了更好地说明跨境电商领域民商事纠纷所涉及的典型问题，我们选取了若干案例进行辨析，力求展现出个案的细节差异与裁判差别之间的联系。

比如，对于平台企业、通关服务企业等主体，其在跨境电子商务交易中的参与程度和具体行为，直接关系到对于交易双方之间的纠纷，其是否要承担连带责任。

又比如，对于经营者和消费者，他们之间法律关系的性质，是买卖关系还是委托关系。不同的法律性质，决定了举证责任的分配，决定了权利义务的边界，也决定了民事责任的划分。

再比如，对于交易标的，其是否符合国家的产品质量标准，会影响退还货款的诉求、十倍赔偿货款的诉求能否得到支持等等。

特别要指出的是，跨境电商基于行政管理的要求，存在外贸代理、许可证件等特殊之处。这些特殊之处如能在案件中清晰阐述，会对裁判者的观点、认知产生重要影响。这也是我们案例评析的关注要点。

实务案例中，裁判结果并没有固定模式，对当事人诉求的支持与否、支持程度存在多种组合情形。这就反映出在司法判决中，个案公平、证据支撑仍是法院判决考虑的重点。因此，作为跨境电商的从业者和参与者，交易架构与交易规则的设计、告知、理解，对明确双方权利义务关系、避免纠纷有着十分重要的实务意义。

最后说明一点，为了表达的方便，对每一个案例，我们将仅描述、评析与所述问题相关联部分的内容。对案件涉及的其他问题则不予赘述。

（郑宗亨）

进口税款未实际缴纳，已收取的对应款项应予退还

【裁判观点】

作为受托人的经营者，提前收取应缴税款，若未实际缴纳的，应将对应款项返还给作为委托人的消费者。

【基础事实】 案号：（2017）京 03 民终 5015 号

某购公司作为经营者，在某当网上开设"某购某当旗舰店"，后改名为"某购专营店"。

2015 年 9 月 22 日，金某登陆某当网，在其购物车页面下单购买"某购旗舰店"的"【保税直邮】澳洲直邮 6 罐新西兰可瑞康 Aptamil 爱他美金装奶粉 2 段 6~12 个月（海外购）"商品 3 件，每件单价 3704 元，总运费 13 元，税款 1111.20 元。金某于同日通过某宝付款共计 12236.20 元。

2015 年 9 月 26 日，某购公司发出短信，明确告知金某：其订购的爱他美金装奶粉 2 段已经通过某物流公司发货；且由于国际货物涉及进口报关，要求金某提供身份证照片以作报关使用。同日，金某将其身份证照片发送至该公司客服邮箱。

随后，某购公司将商品分三个包裹，通过某物流公司邮寄给金某。经查询，通关状态均为放行（免税）。2015 年 10 月 22 日，金某签收三个包裹箱，每一箱共计有 6 罐奶粉，罐体均采用英文印刷，未加贴中文标签。

对于之前收取的税款 1111.20 元，某购公司未主动退还。金某认为：某购公司在网站上预先收取了 1111.20 元的税款，但税款未实际发生；在其收到货物后也未退还该笔款项。因此，依据《中华人民共和国消费者权益保护法》，某购公司作为经营者提供商品或服务有欺诈行为，应按照购买代购物品价款的 3 倍支付赔偿金。

【争议焦点与裁判内容】

争议焦点：某购公司是否对金某构成欺诈，预支税款应如何处理。

裁判内容：涉案 3 件共 18 罐奶粉的订单，某购公司与金某之间成立合同法上的委托合同关系，该法律关系并非《中华人民共和国消费者权益保护法》调整的范围。某购公司作为受托人，应当按照委托人的要求，报告委托事务的处理情况。委托合同终止时，受托人应当报告委托事务的结果。本案中，某购公司收取了金某金额为 1111.20 元的税款，但实际交易的 18 罐奶粉均为免税通行，某购公司未将该情况告知金某，亦未在委托合同终止时就该笔税款做出处理，构成委托合同的违约，而非《中华人民共和国消费者权益保护法》意义上的欺诈。金某依据《中华人民共和国消费者权益保护法》主张某购公司按照购买代购物品价款的 3 倍支付赔偿金，缺乏事实和法律依据，法院不予支持。但未发生的税款 1111.20 元应属于金某，某购公司应予退还。

最终法院判决，某购公司不构成欺诈，但之前收取的税款 1111.20 元应予退还。

【案例评析】

上述案例中，法院首先认定纠纷双方之间的法律关系，其性质为委托合同关系，并由此延伸出两个结论：一是未退还税款的行为不构成《中华人民共和国消费者权益保护法》意义上的"欺诈"，因此不存在退还货款、支付赔偿的问题；二是未退还税款的行为构成违约，因此对应款项应予退还。

一、关于纠纷双方之间法律关系的性质

法院在本案中认为，某购公司通过某当网的电子购物平台发布商品信息，在商品详情中明确声明其所提供的为相应商品的保税／跨境直邮购买服务，金某在知悉上述声明的情况下下单购买，视为双方达成了委托购买相应商品的合意，双方之间的委托合同关系成立；就合同的履行而言，金某预付了处理委托事务的费用，包括商品金额、运费、税款，某购公司以金某的名义将海外购买的商品报关入境，并以快递方式将相应商品交付给金某，完成了金某委托的事务，双方之间的委托合同关系终止。因此，金某与某购公司之间的法律关系性质为委托合同关系。

　　我们认为，在跨境电商领域，将"海外直邮"模式定性为委托合同关系，有其合理之处，但是否准确，则有待商榷。例如本案中的该委托合同关系，是"无偿委托"还是"有偿委托"？如果是"无偿委托"，则经营者的利润从何而来，是否符合跨境电商的商业实质？如果是"有偿委托"，则此种代购服务，应纳入《中华人民共和国消费者权益保护法》的适用范围。在"有偿委托"情形下，能否认为纠纷双方之间的法律关系，是委托代购合同与代购服务合同的结合？此问题留待本书中的其他案例专门详细阐述。

　　二、税款未实际发生时不主动退还，不构成欺诈

　　基于委托合同关系，税款未实际发生时不主动退还，并不构成欺诈。我们认为，法院的观点是合理的。所谓欺诈，是指故意告知对方虚假情况，或者故意隐瞒真实情况，诱使对方当事人做出错误意思表示。而在跨境电商海外直邮模式下，税款是依法必然产生的费用之一，经营者预先收取税款，没有虚构事实、也没有隐瞒真相，并不构成欺诈。至于在货物实际进口时，税款没有实际产生，之后经营者没有主动退还，这是合同履行问题，无关欺诈。

　　三、预先收取的税款未实际缴纳的，应予退还

　　在委托合同关系下，作为受托人的经营者，提前收取应缴税款，若未实际缴纳的，应将对应款项返还给作为委托人的消费者。我们认为，其理由是：

　　其一，基于违约条款，即案例中法院所阐述的理由。

　　其二，基于诚信原则，即购买者委托经营者代购商品，并提前依法预支了税款。而后在合同实际履行中，无论是何种原因，税款没有实际产生，此时经营者作为受托人，基于诚信原则，应当将实际情况告知委托人，并退还其预支款项。

　　四、对裁判观点的进一步思考

　　从海关进口监管的角度，跨境电商领域中的海外直邮模式所涉商品依法必然会产生税款缴纳问题。实务中的正常通关有三种方式：邮包、快件或跨境电商平台。但无论何种方式，均应如实申报并向国家缴纳税款，理论上不会出现税款没有实际缴纳的情况。出现这种实务情形，具体原因可能是如实申报与否、海关查验与否等等。税款作为国家利益，出现应缴而未缴情形，在民事审判中，是将此

利益退还当事人，还是依法直接上缴国家，这是值得商榷的问题。

更进一步，对于部分跨境电商经营者而言，提前收取的税款，实际上构成了其利润的重要来源之一。如果案例中的裁判观点成为主流观点（或者上缴国库），将给经营者带来直接的实质性影响，即其将面临大量的退款诉求。这将倒逼经营者寻找新的合规利润点，长远来说，有助于跨境电商行业的规范发展。

（郑宗亨）

货款退还与惩罚性赔偿的不同适用

消费者认为其购买的商品不符合《中华人民共和国食品安全法》等法律的规定，诉求经营者退还货款并承担 10 倍赔偿，是跨境电商领域十分常见的纠纷类型。对此类争议，不同司法机关的裁判结果相差较大。为此，我们选取了三个案例，对应三种不同的裁判结果，以便更全面地说明该问题。

案例一

【裁判观点】

经营者在销售时已告知消费者产品直接来源于境外，消费者在没有提供证据证明涉案产品存在质量问题的情况下，仅以涉案产品没有中文标签为由主张退还货款以及 10 倍赔偿的，依据不足，经营者无需承担退还货款以及 10 倍赔偿的责任。

【基础事实】 案号:（2018）粤 03 民终 20693 号

某了供应链（深圳）有限公司在某宝网上开设商铺，出售澳洲蜂王浆胶囊等商品。黄某通过其某宝账户，在该网上商铺购买了 4 瓶澳洲 springleaf 绿芙蜂皇乳蜂王浆含 2.2%DHA 胶囊、4 瓶澳洲 springleaf 高浓度天然黑蜂胶软胶囊，共支付货款 3708 元。收到上述货物后，黄某以货物没有中文标签，且无法证明货物来源合法为由，诉至法院，要求某了供应链（深圳）有限公司退还货款，并支付全部货款 10 倍的赔偿金。

【争议焦点与裁判内容】

争议焦点：经营者是否已经向消费者阐明、且已证明产品直接来源于境外，是否需要承担返还货款与 10 倍赔偿责任。

裁判内容：某了供应链（深圳）有限公司提交的涉案产品订单快照包含黄某购买涉案产品时的商品描述和下单信息，该订单快照明确显示涉案产品系"厂家海外直邮"，因此可以认定黄某购买涉案产品时就知晓涉案产品系"厂家海外直邮"，其外包装不可能粘贴中文标签。

另外，某了供应链（深圳）有限公司提交了其某宝店介绍的购销流程、快递单及快递追踪信息、代理商合同和授权、涉案产品及生产厂商提供的澳大利亚药品管理局认证文件，证明某了供应链（深圳）有限公司是具有合法销售涉案产品资格的经营者，涉案产品不存在质量问题。

因此，黄某在没有提供其他证据证明涉案产品存在质量问题的情况下，仅以涉案产品没有中文标签为由主张退还货款以及 10 倍赔偿，依据不足。

最终法院判决，驳回黄某的全部诉讼请求，即某了供应链（深圳）有限公司无需承担退还货款以及 10 倍赔偿的责任。

案例二

【裁判观点】

涉案产品标识存在瑕疵，不符合我国食品安全标准，经营者应当向消费者退还对应货款，但无需支付 10 倍赔偿。

【基础事实】 案号：（2018）湘 06 民终 2290 号

2017 年 10 月 27 日，黄某向某森进出口有限公司购买"蔓玛贵族人头马干邑白兰地 XO 洋酒 700ml"1 瓶，价值 2618 元。之后，2017 年 11 月 10 日，黄某又在某森进出口有限公司购买"蔓玛贵族人头马干邑白兰地 XO 洋酒 700ml"2 瓶，共计价值 5286 元。购买上述产品后，黄某并未食用，也没有与某森进出口有限公司就商品售后问题进行沟通，而是以涉案商品违反《中华人民共和国食品安全法》为由，向法院提起诉讼。

【争议焦点与裁判内容】

争议焦点：某森进出口有限公司是否应当退还货款并承担 10 倍赔偿责任。

裁判内容：其一，关于退还货款问题。涉案产品属于进口预包装食品，根据《中华人民共和国食品安全法》第九十七条的规定，预包装食品没有中文标签、中文说明书，或者标签、说明书不符合规定的，不得进口。鉴于涉案产品标识存在瑕疵，违反法律规定，不符合我国食品安全标准，因此黄某要求某森进出口有限公司退还货款，应予支持。但同时，黄某应将相应产品退还给某森进出口有限公司，不能退还部分应按购买原价抵扣。

其二，关于某森进出口有限公司应否承担 10 倍赔偿的问题。《中华人民共和国食品安全法》第一百四十八条第二款规定："生产不符合食品安全标准的食品或者经营明知是不符合食品安全标准的食品，消费者除要求赔偿损失外，还可以向生产者或者经营者要求支付价款十倍或者损失三倍的赔偿金；增加赔偿的金额不足一千元的，为一千元。但是，食品的标签、说明书存在不影响食品安全且不会对消费者造成误导的瑕疵的除外。"涉案产品并非没有标签，只是外包装上标识存在瑕疵，黄某未能证明涉案酒品是可能影响人体健康的不符合食品安全标准的食品、未能证明涉案酒品已对其本人身体健康造成了损害、未能证实该标识瑕疵影响了酒品安全，且黄某的多次起诉行为有别于一般消费者，因此，黄某仅以案涉进口产品没有中文标签为由要求 10 倍赔偿，不予支持。

最终法院判决，某森进出口有限公司向黄某退还货款 7904 元，但黄某应将涉案产品退还给某森进出口有限公司，如不能返还或毁损的，则按销售单价折抵货款；驳回黄某的其他诉讼请求。

案例三

【裁判观点】

涉案商品包含的食用成分未经国家认可，在实质上不符合食品安全标准，经营者应当向消费者退还对应货款，并支付 10 倍赔偿。

【基础事实】 案号：（2018）京 0115 民初 6968 号

某德公司在某巴网站上开设店铺，以跨境电商模式销售境外商品。2017 年 12 月 1 日，李某在某德公司的网上店铺购买"挪威 lifeline care menopause 女性保健鱼油大豆异黄酮鱼油" 3 瓶，并支付款项 485.10 元。2017 年 12 月 8 日，李某又在同一店铺购买"挪威 lifeline care menopause 女性保健鱼油大豆异黄酮鱼油" 14 瓶，并支付款项 2240 元。李某的家人在食用上述商品后，出现身体不适，遂向法院起诉。

法院查明，涉案商品"挪威 lifeline care menopause 女性保健鱼油大豆异黄酮鱼油"的成分包含大豆异黄酮。因为大豆异黄酮具有类雌激素样作用，不宜作为普通食品使用，因此国家卫生健康委将大豆异黄酮明确列入不是普通食品的名单之中。

另外，某德公司提交的涉案商品的海关备案信息载明：检验检疫备案号 K47180017000012501，商品货号 ISQPLT 000424，商品税号 15042000，主要成分包含 50mg 大豆异黄酮，原产国挪威，监管类别保健食品。但涉案商品上没有中文标签，也未标注药品或保健食品批文。

【争议焦点与裁判内容】

争议焦点：涉案商品是否符合国家食品安全标准，某德公司是否应当退还货款并承担 10 倍赔偿责任。

裁判内容：某德公司的采购模式为跨境电商模式，与传统货物进口模式不同，所售商品通过海外买手在海外原产地采购并向消费者销售。境内个人消费者通过某德公司在某巴店铺购买商品，属于发生于境内个人消费者的跨境交易，因此其销售的商品可为产地原包装。但是，在国内销售进口食品，应当符合我国食品安全标准的规定和要求。《中华人民共和国食品安全法》第九十二条第一款规定："进口的食品、食品添加剂、食品相关产品应当符合我国食品安全国家标准。"涉案商品的成分中含有大豆异黄酮，而大豆异黄酮并不是具有传统食用习惯的食品，且尚未被列入新食品原料（新资源食品）名单中，其安全性尚未经有关部门审查通过。因此，涉案商品不符合食品安全标准，李某要求某德公司允许其退货、退款并支付 10 倍赔偿款的诉讼请求，应予支持。

最终法院判决，某德公司返还原告李某货款 2725.10 元，同时李某应将涉案商品退还某德公司，如不能返还实物，则从应支付的货款中予以扣除；某德公司支付李某 10 倍赔偿款 27251 元。

【案例评析】

上述案例，基本上涵盖了在商品（食品）不符合国家现行法律规定标准的情况下，"货款退还 + 惩罚性赔偿"的可能组合情形。不同裁判内容，反映出对于此类纠纷，司法虽遵循一定标准，但更注重个案的公平。在具体的案件中，伴随着举证责任、举证能力的差异，裁决结果也不尽一致。其中，从跨境电商特殊性的角度，也有值得探讨的问题。

一、商品是否具有合法来源，是司法审判关注要点之一

在案例一、案例三中，司法判决均对经营者所销售的商品是否具有合法来源进行查明；而且，经营者对此承担举证责任。因此，经营者证明涉案商品具有合法的进口来源，是产品质量纠纷中跨境电商从业者必须解决的首要问题。

在证明标准上，目前并无明确的统一标准。但是，综合我们所能搜索到的案例，如果从较严格的角度，证明标准应该是：证据所表明的合法进口流程与涉案商品之间具有匹配性、唯一性。例如在案例一中，涉案经营者的举证就被司法机关采信，认为其证明了涉案商品系来自境外并直接寄送给消费者。

而在部分案例中，法院会进一步要求经营者证明：涉案的进口商品经出入境检验检疫机构依照进出口商品检验相关法律、行政法规的规定检验合格，同时按照国家出入境检验检疫部门的要求随附合格证明材料。否则经营者须承担举证不能的不利后果。

我们认为，上述的进一步要求，并未考虑跨境电商经营的特殊性。近年来，国家关于跨境电商监管政策的一个反复就是对相关商品是货物还是物品的性质认定。2016 年 "4·8 新政"之前按照物品监管，新政规定按照货物监管后反应强烈，国务院相关部门一再发文明确暂时按个人物品监管，并一直延续到 2018 年。2018 年底，政策调整明确为按个人物品监管。之所以纠结于按货物还是物品监管，重要原因之一就是监管条件的不同，更直接地体现为检验检疫的要求不同。作为货物，一些特定的商品进口需要提前备案，进口时还要实施商品检验；

作为物品要求则降低很多，无需备案，也无需检验。也就是说，在目前的政策下，跨境电商商品作为"物品"，是无需实施检验的，那也就不存在提供相关证明的可能。

因此，我们认为在实务个案中，作为经营者的举证应当做到：1. 具体阐明国家政策规定，证明涉案商品属于跨境电商项下商品，可以适用国家跨境电商特殊政策；2. 证明涉案商品依法通过海关报关程序、缴纳相关税款，系合法进口。

二、消费者要求经营者适用惩罚性赔偿应符合的条件

对此问题，最高人民法院有相应的判例。

在刘某、某传媒有限责任公司买卖合同纠纷案〔（2019）最高法民申 4349 号〕中，最高人民法院认为：

《食品安全法》第一百四十八条第二款规定："生产不符合食品安全标准的食品或者经营明知是不符合食品安全标准的食品，消费者除要求赔偿损失外，还可以向生产者或者经营者要求支付价款 10 倍或者损失 3 倍的赔偿金；增加赔偿的金额不足一千元的，为一千元。但是，食品的标签、说明书存在不影响食品安全且不会对消费者造成误导的瑕疵的除外。"根据该规定，针对本案所涉情形的经营者适用惩罚性赔偿应符合如下构成要件：其一，经营不符合食品安全标准的食品；其二，经营者明知该食品不符合食品安全标准仍然经营。就此而言，适用本款不以消费者已经因食用该食品而实际遭受损失为要件。因此，二审法院以刘某未提供证据证明其遭受损失为由驳回刘某提出的 10 倍惩罚性赔偿的请求，适用法律确有不妥。就刘某的诉请能否获得支持而言，应考察本案是否存在经营不符合食品安全标准的食品及经营者明知该食品不符合食品安全标准仍然经营的情形。

根据《食品安全法》第一百四十八条第二款以及第一百五十条关于"食品安全，指食品无毒、无害，符合应当有的营养要求，对人体健康不造成任何急性、亚急性或者慢性危害"的规定，《食品安全法》第一百四十八条第二款规定的"不符合食品安全标准的食品"，应指食品实质上有毒、有害，不符合应当有的营养要求，对人体健康可能造成任何急性、亚急性或者慢性危害的食品。与此相反，虽然在经营食品过程中，存在食品标签、说明书的形式标注瑕疵，但是该瑕疵并不导致该食品"有毒、有害，不符合应当有的营养要求，及可能对人体健康

造成任何急性、亚急性或者慢性危害"，则不能将该食品认定为《食品安全法》第一百四十八条第二款规定的"不符合食品安全标准的食品"，进而也不能适用该款所规定的惩罚性赔偿。

本案中，就某超市销售的俄罗斯海参而言，某传媒有限责任公司、某报集团在一审诉讼过程中已经举示了其进口案涉海参的经营许可证、报关单、进口关税缴款书、检验检疫证明及粘贴有中文标识的公证书等证据，拟证明案涉海参并不存在"有毒、有害，不符合应当有的营养要求，进而能对人体健康造成任何急性、亚急性或者慢性危害的情形"。就此而言，根据上述法律、司法解释确定的举证责任，刘某主张适用《食品安全法》第一百四十八条第二款规定的十倍惩罚性赔偿，应举证证明案涉海参为"有毒、有害，不符合应当有的营养要求，进而能对人体健康造成任何急性、亚急性或者慢性危害"的食品。但刘某仅提供证据证明其所购买的海参存在没有中文标签的瑕疵，未提供证据证明案涉海参存在"有毒、有害，不符合应当有的营养要求，及可能对人体健康造成任何急性、亚急性或者慢性危害"的情形，故一审法院据此认定案涉海参产品不属于《食品安全法》规定的"不符合食品安全标准的食品"，由刘某承担举证不能的不利法律后果，并无不当。二审法院驳回刘某的上诉请求，适用法律虽然欠妥，但处理结果并无不当。

最高人民法院的上述民事裁定，明确了以下几点：

其一，不符合食品安全标准的食品，是指食品实质上有毒、有害，不符合应当有的营养要求，对人体健康可能造成任何急性、亚急性或者慢性危害的食品。

其二，食品标签、说明书的形式标注瑕疵，并不导致该食品"有毒、有害，不符合应当有的营养要求，及可能对人体健康造成任何急性、亚急性或者慢性危害"，不能仅凭此瑕疵就将该食品认定为"不符合食品安全标准的食品"。

其三，判定经营者承担惩罚性赔偿的标准，应当为：食品不符合食品安全标准，经营者明知该食品不符合食品安全标准仍然经营。在具体的证据规则上，若经营者已经证明货物来源合法（合法采购进口、经过检验检疫），则已经初步证明了案涉商品并不存在"有毒、有害，不符合应当有的营养要求，进而能对人体健康造成任何急性、亚急性或者慢性危害的情形"，此时消费者需承担举证责任，证明涉案商品确系在实质上不符合食品安全标准。不能举证的一方，则需承担举证不能的不利后果。

三、跨境电商特殊性与国家标准的适用

依据最高人民法院对"（2019）最高法民申 4349 号"案的裁定以及案例三中法院的裁判观点，对内在成分不符合国家标准的商品（尤其是食品），经营者退款并承担 10 倍赔偿，符合主流的一般认识。例如在案例三中，虽然经营者提供材料证明涉案商品有合法来源，但法院认为只要是进口食品，就必须符合国家标准，并不考虑跨境电商领域中商品来源的特殊性。

但如果从另一个角度出发，在跨境电商领域，特别是在"委托代购、海外直邮"模式下，我们认为上述观点有待进一步探讨。在"委托代购、海外直邮"模式下，经营者只是消费者的代理人，按照消费者的指示具体采购商品并实施交付，在法律上此行为与消费者自行前往境外采购并无差异。当消费者自行在境外购买，只要商品在购买地为合法商品，即使商品不符合我国的国家标准，消费者也不能据此要求境外经营者承担责任，此当无异议。由此推论，作为受托人的经营者，只要全面履行代购义务，依约交付指定商品，对此商品的使用后果，应当由消费者自行承担较为适宜。或者说，在消费者明知商品与国家规定标准有实质性不符的情况下，仍然要求经营者代为购买，是否已经构成对经营者责任的豁免。

再进一步，从国家法律适用的角度，一般贸易项下的进口商品，应当符合国家标准，此点没有任何疑义。但在跨境电商领域，《商务部 发展改革委 财政部 海关总署 税务总局 市场监管总局关于完善跨境电子商务零售进口监管有关工作的通知》（商财发〔2018〕486 号）中明确：经营者要履行对消费者的提醒告知义务，要会同跨境电商平台在商品订购网页或其他醒目位置向消费者提供风险告知书，消费者确认同意后方可下单购买。风险告知书应告知消费者"相关商品符合原产地有关质量、安全、卫生、环保、标识等标准或技术规范要求，但可能与我国标准存在差异。消费者自行承担相关风险"。因此，国家监管部门在法律适用上，对试点地区、试点商品已经部分排除了国家标准对跨境电商项下商品的强制性适用。这种国家政策层面的排除，我们认为在民事司法领域可以得到相应的体现。

四、跨境电商经营者应予关注的问题

基于以上论述，我们认为以下几点值得跨境电商经营者予以关注：

1. 严格履行告知义务。经营者以跨境电商模式销售商品时，应当明确告知

消费者商品是直接来源于境外，因此在商品外观标识、内在成分等方面，与国内产品、一般贸易进口产品会有差别。需要强调的是，这种告知，不是在格式条款、网站声明中的笼统告知，而是在每一笔具体订单中予以说明。也就是说，在每一次的销售行为中，要清楚地向消费者阐明其购买的该票具体商品的具体情况，并且确保消费者已经接收到相关信息。通过详尽的告知，在法律上清晰表明经营者与消费者之间销售与购买，是基于充分的信息披露、双方的真实意思表示，最大限度避免隐瞒、欺诈等争议的产生。

2. 确保商品来源合法。跨境电商领域的商品，往往直接在境外采购，然后通过物流交付给消费者。作为经营者，应当保存好采购、物流运输等证据材料，证明交易商品确系从境外合法渠道采购，并在采购后直接运输交付给消费者，经营者并未从事任何加工事宜。这一点，在"海外直邮"的代购模式下，对经营者而言尤为重要。

3. 经营者对所经营的商品要有足够的了解，尤其是在商品构成成分与国家标准存在差异、可能构成实质性不同的情况下，要有准确的认知和明确的告知。这一方面有利于降低质量安全事故的发生概率；另一方面当发生民事纠纷争议时，也能更好地提出自身的主张。

（郑宗亨）

平台卖家与消费者之间法律性质界定

【裁判观点】

在现货销售情形下，跨境电商经营者与消费者之间系买卖合同关系，平台卖家作为涉案商品的销售方，应依照买卖关系承担法律责任。经营者若主张其与消费者之间构成委托代购关系的，应当举证证明受消费者委托购买特定商品，且双方已就商品货款、运费、代理费、通关费用等达成一致，并证明货物通关流程。

【基础事实】 案号：（2018）苏 13 民终 2565 号

某泽公司系自然人独资企业，法定代表人杨某。某泽公司在某宝网上开设店铺。2016 年 11 月 12 日，于某在该某宝店铺上购买 5 瓶 "Efamol 月见草油胶囊"，共计支付 1490 元。收到货物后，于某认为，涉案商品进货渠道不合法，未标识中文标签；而且，涉案商品添加的月见草油属于非食品原料，存在安全隐患。据此，于某诉至法院，要求某泽公司退还货款并承担 10 倍赔偿。

【争议焦点与裁判内容】

争议焦点：于某与某泽公司之间，是买卖关系还是委托关系。

裁判内容：委托代购究其本质属于委托合同关系，是指卖家依据买家的委托指示购买特定的商品。某宝网的"海外代购"则特指卖家依据买家委托从境外包括港澳台地区代为购买指定的商品，双方通过某宝网络平台进行交易并受某宝网络相关规则的约束。根据法律规定，委托合同中的委托人负有预付处理受托事务费用以及支付报酬的义务。结合某宝网络平台的海外代购交易规则，首先，代购应为非现货；其次，买家需支付卖家的费用，包含商品本身的费用、运费、代理服务费以及通关手续所需的相应费用；再次，在代购过程中，买家应配合协助卖家办理通关手续，并且双方需对上述各项费用做出明确的约定。本案中，某泽公司自认涉案商品系现货销售，且其既未能提供证据证明双方存在除商品货款之外的运费、代理费、通关费用等约定，也未能提供证据证明涉案商品通过海关报关程序且已缴清相关税款，故某泽公司主张双方之间系委托代购关系的理由不能成立，法院不予支持合理合法。依据现有证据，能够证实于某与某泽公司之间系网络购物合同关系，某泽公司作为涉案商品的销售方，应依照法律规定承担相应的法律责任。

【案例评析】

一、跨境电商产品出现质量问题时委托关系与买卖关系会产生不同的法律后果

本案最重要的问题是界定跨境电商平台上的入驻商家与买家之间的法律关系性质，这主要是基于委托关系与买卖关系中，受托人与卖家需要承担的义务与责任各有不同，也就是不同法律关系会产生的不同法律后果。具体如下：

如果平台卖家与买家之间构成委托关系，平台卖家是受托人，买家是委托人，平台卖家的义务是根据买家的指示将指定物品购买入境交与买家，只要不是因为平台卖家的原因导致物品出现产品质量问题的，我们认为，平台卖家无需承担责任。比如，平台卖家根据买家的指示购买了一批保健品，该保健品由于没有中文标签，不符合中国的监管规定，在中国属于不合格产品，但平台卖家是根据买家的指示购买的，平台卖家没有义务确保购买的产品符合中国的标准，那么此时，买家就不能以购买的产品不符合中国监管规定为由，向平台卖家主张权利。

如果平台卖家与买家构成的是买卖关系，平台卖家的义务是向买家交付符合国家标准的合格产品，产品出现质量问题或瑕疵，买家有权要求平台卖家承担法律责任。

二、平台卖家与买家法律关系的实务判定

1. 典型的买卖关系。

如果平台卖家在与买家的合同中明确约定双方是买卖关系，并且卖家在网络平台上没有标识是代购等字样，买卖双方按照合同进行履约，此时，我们认为平台卖家与买家之间构成的是买卖关系，两者的法律关系需要按照买卖关系予以调整。

2. 典型的委托关系。

如果平台卖家与买家的合同中明确约定双方是委托关系，平台卖家接受买家的委托代为在境外采购物品，双方按照委托法律关系进行履约，此时双方构成委托关系，适用委托关系予以调整。

3. 非典型法律关系。

实践中，平台卖家与买家之间很少具有合同予以约束双方的法律关系，很多时候是通过平台的管理规则予以约束的。在没有书面合同明确约定的情况下，双方之间的法律关系如何定性，关系到双方权利义务划分。实践中，判定方法不一：

第一种观点是，根据买家向卖家下单时商品的所有权归属来判定双方的法律关系。如果商品归属于卖家，那么两者构成买卖关系；如果商品归属于境外商家，平台卖家需要接到买家订单时再向境外商家订货的，那么平台卖家与买家之间构成委托关系。

第二种观点是，根据海关对跨境电商监管方式代码进行区分。直购进口（海关监管代码9610）的是委托法律关系，网购保税进口（海关监管代码1210）、网购保税进口A（海关监管代码1239）的是买卖关系。前者的跨境模式是直接从境外发货至境内客户；后者的跨境模式是商家将货物提前以保税进口的方式进境，接单后，从境内保税仓发货给买家。

我们认为，前述两种观点有一定的合理性，但又有失偏颇，没有考虑到跨境电商"实操模式多样"这一特殊性。

第一种观点没有考虑到特定情形下境内商户与境外企业存在关联关系的情况。在两者存在关联关系的条件下，为避免将境内商铺与消费者之间认定为购买关系，境外关联公司与境内的平台卖家可以约定商品交付并不代表所有权的转移，客户下单后所有权才从境外公司转移至境内公司，这样可以轻松避开第一种观点的规制，实质上损害消费者的权益。

第二种观点忽略了境外保税仓的方式，很多平台商家会在境内设置保税仓，同时也会在境外设置保税仓，两种方式的逻辑都是提前备货，如果按照第二种观点裁量，境外保税仓发货不构成买卖关系，境内保税仓发货构成买卖关系，显然有失偏颇。

三、平台卖家与买家法律关系的再探讨：特殊买卖关系

之所以在实务中会有多种判定观点，对平台卖家与买家的法律关系性质做出不同认定，其原因或是基于个案公平的考量，但主要还是对于跨境电商领域的特殊性未有统一认识。我们认为：在跨境电商领域，平台卖家与买家本质上是买卖关系，只是具有一定的特殊性，其特殊性主要表现在平台卖家具有一定的产品责任豁免权。

首先，从跨境电商本质的角度考量。跨境电商这种新业态出现的原因是本国居民对境外商品的日益增强的需求。跨境电商通过一种新的互联网方式拓展了本国居民的选择范围，可以直接跨境采购商品。跨境电商的卖家实质就是在境外组织货源售卖给境内买家，从中赚取差价。我们认为，跨境电商模式的本质就是一种交易。具体展开讲，跨境电商就是跨境电子商务企业、消费者（订购人）通过跨境电子商务交易平台实现零售进出口商品交易。所以，我们认为跨境电商的实质就是买卖。

其次，认定构成委托关系，源于现有法规对跨境电商商品监管的不兼容性。如果完全认定为买卖关系，按照我国法规的要求，进境商品应当符合我国的监管要求，比如对中文标签、食品标准等的要求，这是跨境电商商品无法满足的。跨境电商商品无法满足我国监管法规的要求，平台卖家面临退货、10倍赔偿等惩罚，这显然是不公平的。所以，为了平衡平台卖家与买家之间的法律关系，裁判者会选取委托关系来认定，这样平台卖家无需承担产品没有中文标签、不符合中国食品标准等责任。但是，我们也应当清楚地看到认定委托关系的弊端。一旦认定委托关系，那么产品出现质量问题，无法进行退货，因为受托人没有退货的义务，这样无法保障买家的合法权益。

最后，我们认为平台卖家与买家可以回归到买卖关系中，只是需要对平台卖家进行一部分责任豁免。我们可以参照《商务部　发展改革委　财政部　海关总署　税务总局　市场监管总局关于完善跨境电子商务零售进口监管有关工作的通知》（商财发〔2018〕486号）的规定，产品质量、安全、卫生、环保、标识等标准或技术规范要求不一定必须符合我国的标准，符合原产国标准即可；相关商品直接购自境外，可以没有中文标签；相关商品按照个人自用物品进行监管，无需提供进口许可证等文件。同时，跨境电商卖家仍需承担消费者权益保障责任，包

括但不限于商品信息披露、提供商品退换货服务、建立不合格或缺陷商品召回制度、对商品质量侵害消费者权益的赔付责任等。当发现相关商品存在质量安全风险或发生质量安全问题时，跨境电商卖家应立即停止销售，召回已销售商品并妥善处理，防止该商品再次流入市场，并及时将召回和处理情况向海关等监管部门报告。

（胡天豪）

跨境电商代理人的法律责任界限

【裁判观点】

代理他人进口跨境电商货物，代理人未能证明实际贸易关系的，代理人应作为贸易合同的买方，承担合同责任。

【基础事实】 案号：（2018）粤 01 民终 13214 号

原告新某公司诉称，2015 年 4 月 21 日至 2016 年 1 月 13 日期间，新某公司陆续向被告华某公司供货。新某公司提供了案涉进口货物报关单、进口货物装箱单、成交协议、进口货物发票、保税进仓清单等业务单据，证据显示：华某公司为上述货物的收货单位（提货人），报关资料中附有《成交协议》，标明华某公司是买方，新某公司是卖方。截至起诉之日，华某公司没按照《成交协议》向新某公司支付货款。

被告华某公司辩称，《成交协议》只是报关用的形式合同，不能真实反映双方之间的法律关系。华某公司接受跨境电商平台风某公司的委托，代理平台入驻商家欧某公司报关进口货物，在报关时需要向海关提交合同。为了满足报关需要，华某公司与新某公司签订了形式上的《成交协议》，华某公司不是真实的买家，而是欧某公司的报关进口代理人，真实的买家是欧某公司。华某公司没有义务偿付新某公司的货款，新某公司应向欧某公司主张货款的责任。

新某公司认为，其与华某公司之间就是买卖合同关系，华某公司应向其支付货款。

【争议焦点与裁判内容】

争议焦点 1：华某公司是否是案涉国际货物买卖的买方。

裁判内容：从货物进口地海关调取的《成交协议》表明，华某公司以买方身份向新某公司订购案涉货物，并在《成交协议》上加盖了公章，交易过程中亦以提货人身份提取了案涉货物。因此，新某公司、华某公司作为案涉买卖合同关系的双方主体是清楚明确的。法院认为，华某公司以该协议是其在代理风某公司报关时提交的形式合同，不能反映真实的买卖合同关系为由进行抗辩，但并未提出相关证据予以证明，应当承担举证不能的责任。新某公司主张华某公司为案涉买卖合同关系中的买方，有事实和法律依据，法院予以认定。

争议焦点2：华某公司需要承担责任的数额。

裁判内容：案涉买卖合同是双方的真实意思表示，未违反法律和行政法规的强制性规定，应为合法有效。新某公司依约向华某公司提供了案涉货物，华某公司应当支付相应的货款。华某公司欠款未付，属于违约，应承担相应的违约责任。故新某公司要求华某公司支付货款并承担违约责任，应予支持。

【案例评析】

本案中，法院根据证据优势原则采信新某公司的主张，认定新某公司与华某公司之间构成买卖关系。我们认为，法院判决是基于证据而做出，当属正确且无疑义。但是，从跨境电商的角度，该判决并未考虑到跨境电商交易的特殊性，跨境电商代理人更多的是为国内货主提供报关物流等服务，而非跨境电商的贸易主体。

一、华某公司是跨境电商代理人，以自己名义将跨境电商商品报关进口

在本案中，欧某公司通过风某公司的电商平台对外下单，新某公司接收该订单并组织发货。华某公司为协助风某公司完成推单业务，以自己的名义办理涉案货物进口手续。由此可知，华某公司是作为进口代理人，以自己的名义将涉案的商品报关进境。

与此同时，华某公司作为进口代理人，作为形式上的买家，也要基于外汇管理规定，代理欧某公司向新某公司对外付汇，完成货款的支付流程。本案之所以出现纠纷，就是因为欧某公司未向华某公司支付货物的对应款项，导致华某公司无法向新某公司付汇，新某公司于是起诉华某公司，要求华某公司承担支付货款的义务。

二、华某公司作为欧某公司的代理人，和新某公司签订《成交协议》，华某公司与新某公司之间不构成买卖关系

本案中，欧某公司通过电商平台向新某公司下达订单，欧某公司是真实的买家，与新某公司构成买卖关系。

华某公司与欧某公司、新某公司之间构成显名代理关系。新某公司获得欧某公司的订单，其明确知道真实的买家是欧某公司；而华某公司接受欧某公司的委托，以华某公司的名义与新某公司签订买卖合同（即《成交协议》），以便于履行报关手续，这是典型的代理关系。根据《合同法》第四百零二条规定，该《成交协议》直接约束欧某公司与新某公司，华某公司与新某公司不构成买卖关系，无需承担责任。

三、证据为王，代理人应提交充实证据还原事实真相，厘清法律关系

本案中法院依据从海关调取的《成交协议》，采信优势证据，认定华某公司与新某公司之间构成买卖合同关系。如果华某公司要证明自己与新某公司不构成买卖关系，应提交整个跨境电商交易的流程图并辅助相关材料、沟通邮件记录、提货证明、发货凭证、跨境电商订单、海关"推单"信息、委托合同、以往的交易记录、转账凭证等证据材料，向法院阐明跨境电商交易的真实流程，协助法院查清事实，准确界定双方之间的法律关系。

四、华某公司应简化法律关系，直接和风某公司签订代理合同，出现纠纷时，直接向跨境电商平台主张权利

跨境电商业务环节较多，法律关系较复杂，类似本案情形下，代理人遭受损失难以主张赔偿。我们建议，为了控制风险，跨境电商代理人可以统一和跨境电商平台签订合同，不再和入驻商户、电商平台签订三方协议。所有的订单均来自跨境电商平台，清关后将货物统一交给跨境电商平台，对外付汇、缴税工作统一和跨境电商平台结算，跨境电商平台再与各入驻商家结算。这样有助于保障跨境电商代理人的权利，避免不知向谁主张权利的尴尬。同时也有助于跨境电商平台管理入驻商家，统一订单、进出境物品、对外付汇等业务的管理，促进平台更加规范化运行。

五、华某公司败诉后的救济途径

华某公司赔偿之后，可以同时起诉风某公司、欧某公司，还原真实法律关系，追讨相关损失。

（胡天豪）

跨境电商平台公司产品质量连带责任的界限

【裁判观点】

跨境电商平台公司能够提供涉案销售商的真实信息，并已采取了涉案商品下架等必要措施，此时对消费者无需承担连带责任。

【基础事实】 案号：（2017）鲁 0112 民初 5616 号

金某公司在某宝公司平台上开设店铺，经营俄罗斯进口食品。2017 年 9 月 8 日，丁某通过自助下单方式，在该店铺购买俄罗斯进口牛肉罐头、午餐肉罐头、双山提拉米苏、马加丹虾四种商品。2017 年 9 月 9 日，金某公司发货；9 月 11 日，丁某收到货物；9 月 18 日，丁某就四种货物提起退款申请。因申请仅仅是退款，金某公司予以拒绝。丁某与金某公司进行协商未果，但未向某宝公司平台申请披露卖家信息，也未申请某宝平台介入调查处理，而是向法院起诉，要求金某公司退还货款并支付 10 倍赔偿，同时要求某宝公司承担连带责任。

丁某认为，某宝公司作为第三方监管平台，未能做到有效监管和审核，致使消费者购买到不符合食品标准的不合格产品，而且某宝公司交易平台明知金某公司侵犯消费者合法权益，未采取必要措施，因此，某宝公司应承担连带责任。

另外法院查明：

其一，该涉案商品已经下架。

其二，2015 年 9 月 21 日，国家质量监督检验检疫总局、农业部发布《关于防止希腊和俄罗斯牛结节性皮肤病传入我国的公告》，其中载明："根据《中华人民共和国进出境动植物检疫法》等有关法律法规的规定，现公告如下：一、禁止直接或间接从希腊、俄罗斯输入牛及其相关产品（源于牛未经加工或者虽经加工但仍有可能传播疫病的产品），停止签发从希腊、俄罗斯进口牛及其相关产品的

《进境动植物检疫许可证》"；2015 年 9 月 21 日、2016 年 10 月 19 日、2017 年 3 月 11 日、2018 年 2 月 13 日，国家质量监督检验检疫总局动植物检疫监管司网站四次更新公布的《禁止从动物疫病流行国家 / 地区输入的动物及其产品一览表》中，俄罗斯均被列为非洲猪瘟和牛结节性皮肤病疫区，禁止进口俄罗斯的猪、牛及其产品。

【争议焦点与裁判内容】

争议焦点：某宝公司作为跨境电商平台，是否需要承担连带赔偿责任。

裁判内容：《中华人民共和国侵权责任法》第三十六条第三款规定：网络服务提供者知道网络用户利用其网络服务侵害他人民事权益，未采取必要措施的，与该网络用户承担连带责任。

《最高人民法院关于审理食品药品纠纷案件适用法律若干问题的规定》第九条第一款、第三款分别规定：消费者通过网络交易平台购买食品、药品遭受损害，网络交易平台提供者不能提供食品、药品的生产者或者销售者的真实名称、地址与有效联系方式，消费者请求网络交易平台提供者承担责任的，人民法院应予支持。网络交易平台提供者知道或者应当知道食品、药品的生产者、销售者利用其平台侵害消费者合法权益，未采取必要措施，给消费者造成损害，消费者要求其与生产者、销售者承担连带责任的，人民法院应予支持。

法院认为，根据上述法律、司法解释的规定，本案中某宝公司能够提供涉案销售商金某公司的相关真实信息，亦已经对涉案商品作了下架处理，采取了必要的措施，因此丁某请求某宝公司承担连带责任的诉讼请求，没有法律依据，不予支持。

【案例评析】

针对本案例，我们认为必须厘清以下几个问题，以更好地明确跨境电商平台连带责任的界限所在。

一、各个主体的法律定位

某宝公司属于电子商务平台经营者（以下简称"平台"）。根据《中华人民共和国电子商务法》第九条的规定，电子商务平台经营者，是指在电子商务中为交易双方或者多方提供网络经营场所、交易撮合、信息发布等服务，供交易双方或者多方独立开展交易活动的法人或者非法人组织。

金某公司属于平台内经营者。根据《中华人民共和国电子商务法》第九条的规定，平台内经营者是指通过电子商务平台销售商品或者提供服务的电子商务经营者。

丁某属于消费者。《中华人民共和国消费者权益保护法》第二条的规定，消费者指为生活消费需要购买、使用商品或者接受服务的主体。

二、平台和消费者之间，属于居间关系而非买卖关系

以本案为例，某宝公司提供的服务是"用户物色交易对象，就货物和服务的交易进行协商，以及获取各类与贸易有关的服务的地点"。因此，笔者认为某宝公司与用户丁某属于居间法律关系，不属于买卖关系。判断平台与消费者法律关系的依据是《某宝平台规则》。依据《某宝平台规则》的约定，某宝不是直接将自营商品卖给消费者，而是为消费者提供交易对象，促成交易形成；因此，平台在消费者和平台内经营者之间形成了一种提供交易机会、促进交易的居间法律关系。

三、平台不需要对平台内经营者的行为承担连带责任

由于消费者和平台之间地位悬殊，为了保障消费者权益，《中华人民共和国电子商务法》第三十八条将平台责任进行固化，规定了平台对消费者需要承担连带赔偿责任的情形：

其一，电子商务平台经营者知道或者应当知道平台内经营者销售的商品或者提供的服务不符合保障人身、财产安全的要求，或者有其他侵害消费者合法权益行为，未采取必要措施的，依法与该平台内经营者承担连带责任。

其二，对关系消费者生命健康的商品或者服务，电子商务平台经营者对平台内经营者的资质资格未尽到审核义务，或者对消费者未尽到安全保障义务，造成消费者损害的，依法承担相应的责任。

但在本案中，消费者未举证证明平台"知道""应当知道"平台内经营者提供的商品不符合《中华人民共和国食品安全法》的事实，也未举证平台未对平台内经营者进行资质资格审查；相反，某宝平台举证证明已经将相关商品进行下架

处理，也就是已经采取了必要措施。所以，平台无需对平台内经营者的行为承担连带赔偿责任。

四、平台不需要向消费者承担"先行赔付责任"

为了保障消费者的权益，《中华人民共和国消费者权益保护法》率先确定了网络电商平台的先行赔付责任。先行赔付，指消费者通过网络交易平台购买商品或者接受服务，其合法权益受到损害的，可以向网络交易平台请求赔偿，平台提供赔偿后，有权向销售者或者服务者追偿。但是先行赔付需要满足一定条件才可以适用，那便是网络交易平台提供者不能提供销售者或者服务者的真实名称、地址和有效联系方式。而在本案中，由于平台可以提供销售者真实名称、地址和有效联系方式，因此消费者无法要求平台承担先行赔付的责任。

五、启示：跨境电商平台须规范经营以降低法律风险

在本案中，虽然跨境电商平台最终无需承担先行赔付责任、连带赔偿责任，但笔者认为，法律为了保障消费者的权益，实质上赋予了跨境电商平台更多的法律义务，包括确保经营者信息的真实性、有效性，对争议商品及时采取有效措施等。跨境电商平台一旦无法符合法律的要求，在民事责任角度必然存在较大的法律风险，很容易因为平台内经营者的行为而陷入质量责任漩涡。因此，对跨境电商平台经营者而言，规范经营交易平台、筑好责任免除护城河，就显得尤为重要。这既是对自身合法利益的有效保护，也是共同创造一个公平、有序的市场环境。

（胡天豪）

跨境电商平台商标侵权责任主体的确定

【裁判观点】

跨境电商平台存在多个关联平台主体时，如果该跨境电商平台只是提供对接服务，而不是直接接收处理商标侵权投诉，则对于关联平台主体上的经营者的商标侵权行为，该跨境电商平台不是适格被告，无需承担侵权法律责任。

【基础事实】 案号：（2018）京 0108 民初 27010 号

飞某公司依法拥有某商标（以下简称"涉案商标"）。飞某公司发现，某猫国际上的"哲某店铺"销售的大量商品，侵犯其涉案商标的专用权。为此，飞某公司通过某巴集团知识产权保护平台进行了投诉，具体情况为：登录某巴公司的投诉网站，进入飞某公司账号，点击"某猫国际"后页面跳转（页面中显示平台为"某猫国际"），飞某公司在该页面进行投诉。但是，飞某公司先后针对"哲某店铺"销售的商品提起了共计 36 次投诉申请，投诉针对的商品不同，但全部投诉均未成功，系统显示"卖家（哲某店铺）申诉成立"。

2018 年 3 月 14 日，飞某公司通过电子邮件的方式向某巴公司系统邮箱提起了反申诉，认为其已经提起的投诉应当成立。2018 年 5 月 21 日，某巴公司系统邮箱回复邮件，称被投诉商家已经提供材料证明所售商品具有合法来源，建议飞某公司通过法院诉讼或行政机关投诉的方式进一步维权。

飞某公司认为，"哲某店铺"销售的商品构成侵权，某巴公司未对投诉进行正确处理，其判定构成对侵权行为提供便利条件，帮助实施了侵犯商标专用权的行为，依据《中华人民共和国商标法》第五十七条第六款的规定，其行为亦属侵权。据此，飞某公司提出诉讼，要求某巴公司立即停止侵权行为，删除某宝网、某猫国际上的所有侵权商品，关闭"哲某店铺"，向飞某公司赔礼道歉，并赔偿经济损失和合理开支共计 10000 元。

【争议焦点与裁判内容】

争议焦点：某巴公司是否为本案适格被告，是否应当承担侵权法律责任。

裁判内容：法院认为，被飞某公司投诉的"哲某店铺"，开设在某猫国际平台上。飞某公司通过某巴公司的投诉网站投诉时，需要点击不同平台的图标查看在不同平台中提起的投诉，点击后网页地址栏中的网络地址发生变化，即具体页面已经离开了某巴公司的投诉网站的网址，由此可以看出对投诉做出处理的主体为对应网址的平台，而不是某巴公司。虽然某巴公司曾通过其系统邮箱进行回复，但仅是复述投诉处理结果，并向飞某公司提出建议，并非对具体投诉内容进行处理，即无法通过该邮件判定某巴公司实施了投诉处理工作。

而且，某巴公司的投诉网站的 ICP 备案主体为某巴公司，该网站主要是为某巴公司旗下的六个平台提供投诉接入，在具体页面中点击不同平台后，会跳转至不同平台，由对应平台经营主体进行处理，某巴公司仅对该网站进行技术支持。

因此，飞某公司通过某巴公司投诉网站提出的众多投诉，其实际处理者并非某巴公司，飞某公司认为某巴公司故意为哲某店铺的侵权行为提供便利条件，帮助实施侵权行为的主张，缺乏事实和法律依据。最终，法院驳回了飞某公司的全部诉讼请求。

【案例评析】

在本案中，法院认定哲某店铺是某猫国际平台上的商家，某巴公司与某猫国际是两家相互独立的法人，接收飞某公司商标侵权投诉的主体是某猫国际，做出决定的也是某猫国际，不是某巴公司。因此某巴公司不是适格被告，不需要承担法律责任。

结合本案，笔者就侵权责任主体及几个相关的法律问题进行分析。

一、跨境电商同时存在多个关联公司时，原告应选择与案件具有直接利害关系的主体作为被告

民事诉讼中适格的被告，是指与原告是否属于在同一争议的法律关系的主体，或者被告是否是与原告属于连带主从法律关系的主体。判断主体是否适格，需审查是否与本案有着直接利害关系。直接利害关系是指公民、法人或者其他组织的财产权或人身权或者其他权益直接遭到他人的侵害或者直接与之发生权利、义务归属的争执。《中华人民共和国民事诉讼法》第一百一十九条规定，起诉必须符合下列条件：（一）原告是与本案有直接利害关系的公民、法人和其他组织；（二）有明确的被告；（三）有具体的诉讼请求和事实、理由；（四）属于人民法院受理民事诉讼的范围和受诉人民法院管辖。

跨境电商集团同时拥有多个公司，各个公司涉及的业务定位有所区分，本案中，某巴公司与某猫国际是关联公司，但各自负责的业务不同。某巴公司负责网站的技术维护工作，不负责某猫国际平台的运营和投诉裁判事宜。飞某公司是在某猫国际平台上发现商标侵权行为，投诉也是在某猫国际平台上实施的，如果飞某公司认为平台公司处理不当应承担相关责任，应以某猫国际作为被告起诉，而不是将某巴公司列为被告。

二、跨境电商平台对知识产权权利人投诉，采取了必要措施，可以适用"避风港规则"进行免责

跨境电商平台经营者收到知识产权权利人对平台内经营者关于侵害其知识产权的投诉后，应当及时采取必要措施，并将该通知转送平台内经营者；采取必要措施的，对损害无需承担责任。这便是"避风港规则"在《电子商务法》的使用。电子商务平台适用该规则，采取必要措施，履行其义务，不需要承担责任。

"避风港规则"在我国是由《中华人民共和国侵权责任法》第三十六条第二款发展而来，之后适用于《中华人民共和国电子商务法》第四十二条和四十三条，后者将知识产权权利人、电商平台、电商平台经营者三方的权利、义务、责任进行了细化，更加具有可操作性。

《中华人民共和国电子商务法》未对跨境电商应采取的"必要措施"进行细化，参照《中华人民共和国侵权责任法》第三十六条的规定，"必要措施"可包括删除、屏蔽、断开链接措施。同时，我们也应考虑电商平台正常运营问题，不能因为一单投诉便把平台内经营者的产品下架，否则，滥用投诉权利者会急剧增多，平台内经营者的权利和跨境电商正常运转无法保障。我们认为应对"必要措施"进行"扩张性解释"，"必要措施"应当包括"跨境电商平台根据《平台规则》对投诉材料和申诉材料的审核"。如果经过跨境电商平台审核，判定平台内经营者不侵权，跨境电商平台无需采取删除、屏蔽、断开链接等措施，此时跨境电商平台因为已经履行了"必要措施"而无需担责。即使后期法院认定平台内经营者侵害知识产权人的权利，法律也应当给跨境电商平台审核一定的容错率，跨境电商平台审核判定错误，也应无需承担责任。

但是我们也应将跨境电商"间接侵权"情形与前述免责情形进行区分。跨境电商间接侵权是指，跨境电商明知平台内经营者实施侵权行为，在平台内售卖侵害他人知识产权的商品或服务的，仍然采取放任、漠视等行为而不加以制止。如果出现这种情况，我们认为，跨境电商应承担相关侵权责任。

三、跨境电商商品应类比适用"平行进口"免责规则，国内知识产权权利人无权对跨境电商商品主张权利

"平行进口"免责规则，指未经相关知识产权权利人授权的进口商，将由权利人自己或经其同意在其他国家或地区投放市场的产品，向知识产权人或独占被许可人所在国或地区进口，满足前述情形的，该商品进口商不构成侵权。

跨境电商商品的属性为"个人自用物品"而不是"货物"，对跨境电商商品不能简单将其视为本国商品，进而适用我国的知识产权保护规则进行保护。跨境电商扩展了消费者的消费空间，消费者可以直接购买境外商品，购买地点在网络平台，这里的网络平台可以看作境外商品销售地。跨境电商模式不是在中国向中国买家销售境外的商品，商品售卖地不能看作是国内，那么国内的知识产权人便不能向售卖者主张权利。

对此，我们认为跨境电商的商品应该类比适用"平行进口"免责规则，只要跨境电商商品是在境外出售地通过合法方式取得的，国内的知识产权人便无权对该商品主张权利。

四、审理跨境电商平台商标侵权案件，应将跨境电商平台内经营者追加为共同被告

《最高人民法院关于适用〈中华人民共和国民事诉讼法〉的解释》第七十三条规定，必须共同进行诉讼的当事人没有参加诉讼的，人民法院应当依照民事诉讼法第一百三十二条的规定，通知其参加；当事人也可以向人民法院申请追加。

人民法院对当事人提出的申请，应当进行审查，申请理由不成立的，裁定驳回；申请理由成立的，书面通知被追加的当事人参加诉讼。

因此，如果将跨境电商平台认定为侵权方，那么平台上的经营者和跨境电商平台一定是共同侵权，双方应为必须共同进行诉讼的当事人，应当依法将平台内经营者追加为共同被告。

（胡天豪）

非正规途径进口的跨境电商产品的质量责任

【裁判观点】

跨境电商经营者通过非正规的跨境电商途径进口商品，实施售卖，又无充分证据证明双方系委托代购关系的，认定双方构成买卖关系，并据此确定双方权利义务。

【基础事实】 案号：（2018 豫 01 民终 9544 号）

任某在某宝网上经营网店。2018 年 1 月 27 日，吴某向该网店购买"意大利进口费列罗巧克力水晶礼盒装 T30 粒装"巧克力共计 60 盒，价款总额 3180 元。吴某于当天支付了货款，任某亦于当天自上海通过快递向吴某发货。

2018 年 1 月 30 日，吴某收货后，发现购买的产品外包装仅有外文标识，并无中文生产日期、保质期、经销商、贮存方式、净含量、配料表、营养标签等《中华人民共和国食品安全法》强制规定标注的内容，且任某也不能提供合格的出入境检验检疫卫生证书。

双方为此发生纠纷，吴某向法院提起诉讼，要求任某退还货款并支付货款 10 倍的赔偿金。

【争议焦点与裁判内容】

争议焦点：吴某与任某之间的法律关系性质及产品责任归属。

裁判内容：任某辩称与吴某之间属委托代购关系，但其在网售商品的描述页面并无"代购"字样，更无"全球购"等相关内容或标识，而其提交的往来港澳通行证、购物票据、货物托运单等证据也均不能证明属代购行为。相反，更符合一般销售者买进卖出赚取利润的特征。

吴某在任某经营的网店购买涉诉巧克力，并提供了订单页面截图、物流信息截图、快递单等证据予以佐证，双方之间的买卖合同关系成立。

任某在某宝网开设网店销售食品，是在境内从事网络销售的行为，应当遵守《中华人民共和国食品安全法》的规定。该案中，任某销售给吴某的食品外包装上既未随附检验检疫标志，也没有中文标签，违反了《中华人民共和国食品安全法》的规定，属于不符合食品安全标准的食品。根据法律规定，销售明知是不符合食品安全标准的食品，消费者除要求赔偿损失外，还可以向生产者或者销售者要求支付价款 10 倍或者损失 3 倍的赔偿金。

最终，法院支持了吴某提出的退还货款、支付货款 10 倍赔偿金的诉讼请求。

【案例评析】

本案是跨境电商领域较为特殊但也较为常见的情形。卖家通过跨境电商平台出售境外商品，但商品的进口不是通过跨境电商方式报关进口，有可能是商家自行或委托他人前往香港购买后直接携带入境，俗称"水客带货""人肉代购"，或者其他方式。

本案中，法院认定双方之间系买卖关系，并判定境外商品在境内出售要符合我国的相关法规，若出现食品不符合《中华人民共和国食品安全法》规定情形的，则应承担赔偿责任。我们认为，本案所体现的判定思路，有助于促进跨境电商的规范发展，抑制"水客带货"等非法形式的发展。

一、网络电商平台上出售的境外商品不等于跨境电商商品

很多人会认为在电商平台上购买的境外商品就是跨境电商商品。这种观点是错误的。电商平台出售，只是跨境电商的一个必要条件；跨境电商的另一个充分条件是，其商品进境必须是通过跨境电商监管方式报关进口。

我国现有的境外商品来源较为复杂。有些是通过跨境电商进口的，有些是通过货物贸易进口的，有些是通过夹藏、伪报品名等方式走私进境的，还有一些是通过"水客带货"方式假借个人物品名义入境。后两种情形，实质上是非法方式。

我们认为，只有通过跨境电商方式规范申报进口的商品，才能基于跨境电商的政策特殊性，在民事纠纷裁判中，依据证据判定经营者与消费者是否构成委托关系，进而确定出售方是否享有责任豁免权。

二、经营非法进口的商品，出售方应基于买卖法律关系，承担产品责任

非法进口境外商品，在跨境电商领域主要体现为"水客带货""人肉代购"，即出售人接受买受人的订单，在境外购买商品，然后以个人物品方式通过行邮渠道带入境内，将商品交付给买家，从中赚取商品差价。由此可见，"人肉代购"的本质就是买卖，其所涉商品应符合我国的产品质量规定，出卖人应当作为经营者对商品质量承担责任。

对正规入境的跨境电商商品，我们主张可以使用责任豁免制度，而对"人肉代购"的商品，则应适用严格责任商品制度。之所以要区别对待，是因为"人肉代购"是非法走私方式，伪报了贸易性质，将出售给他人的货物伪报成个人自用的物品，从而偷逃国家税款。从立法目的来说，在民事角度若不对其适用更为严格的责任标准，无异于是在消费领域变相鼓励此种非法行为，变相挤占了正规跨境电商经营者的生存空间，不利于我国跨境电商产业的规范发展。

（胡天豪）

附　录

跨境电商监管政策法规

1. 海关总署公告 2001 年第 8 号（《关于增列海关监管方式代码并对报关单填制要求作局部调整有关问题》），2001 年 7 月 20 日。【部分失效】★

2. 海关总署公告 2007 年第 72 号（《关于在全国各对外开放口岸实行新的进出境旅客申报制度》），2007 年 12 月 11 日。★

3. 海关总署公告 2010 年第 43 号（《关于调整进出境个人邮递物品管理措施有关事宜》），2010 年 7 月 2 日。★★

4. 海关总署公告 2010 年第 54 号（《关于进境旅客所携行李物品验放标准有关事宜》），2010 年 8 月 19 日。★

5.《国家发展改革委　财政部　海关总署等八部委局办公厅关于促进电子商务健康快速发展有关工作的通知》（发改办高技〔2012〕226 号），2012 年 2 月 6 日。★

6. 海关总署公告 2012 年第 15 号（《关于修订〈中华人民共和国进境物品归类表〉及〈中华人民共和国进境物品完税价格表〉》），2012 年 3 月 26 日。【部分修改】★★

7.《国务院办公厅转发商务部等部门关于实施支持跨境电子商务零售出口有关政策意见的通知》（国办发〔2013〕89 号），2013 年 8 月 21 日。★

8.《财政部　国家税务总局关于跨境电子商务零售出口税收政策的通知》（财税〔2013〕96 号），2013 年 12 月 30 日。【已被后续文件所取代】★★

9. 海关总署公告 2014 年第 12 号（《关于增列海关监管方式代码的公告》），2014 年 1 月 24 日。★★

10.《海关总署关于跨境贸易电子商务服务试点网购保税进口模式有关问题的通知》（署科函〔2014〕59 号），2014 年 3 月 4 日。【已失效】★★

11. 海关总署公告 2014 年第 54 号（《关于市场采购贸易监管办法及其监管

方式有关事宜的公告》），2014 年 7 月 1 日。【已废止】★

12. 海关总署公告 2014 年第 56 号（《关于跨境贸易电子商务进出境货物、物品有关监管事宜的公告》），2014 年 7 月 23 日。【已失效】★★★

13. 海关总署公告 2014 年第 57 号（《关于增列海关监管方式代码的公告》），2014 年 7 月 30 日。★★

14.《国家外汇管理局关于开展支付机构跨境外汇支付业务试点的通知》（汇发〔2015〕7 号），2015 年 1 月 20 日。【已失效】★

15.《国务院关于同意设立中国（杭州）跨境电子商务综合试验区的批复》（国函〔2015〕44 号），2015 年 3 月 7 日。★

16.《国务院办公厅关于促进跨境电子商务健康快速发展的指导意见》（国办发〔2015〕46 号），2015 年 6 月 16 日。★

17.《海关总署加贸司关于加强跨境电子商务网购保税进口监管工作的函》（加贸函〔2015〕58 号），2015 年 9 月 9 日。（已废止）★

18.《财政部 国家税务总局关于中国（杭州）跨境电子商务综合试验区出口货物有关税收政策的通知》（财税〔2015〕143 号），2015 年 12 月 18 日。★★

19. 海关总署公告 2015 年第 67 号（《关于市场采购贸易方式扩大试点的公告》），2015 年 12 月 21 日。★

20.《国务院关于同意在天津等 12 个城市设立跨境电子商务综合试验区的批复》（国函〔2016〕17 号），2016 年 1 月 12 日。★

21. 海关总署公告 2016 年第 19 号（《关于启用新快件通关系统相关事宜的公告》），2016 年 3 月 9 日。★★

22.《国务院关税税则委员会关于调整进境物品进口税有关问题的通知》（税委会〔2016〕2 号），2016 年 3 月 16 日。【已被取代】★

23.《财政部 海关总署 国家税务总局关于跨境电子商务零售进口税收政策的通知》（财关税〔2016〕18 号），2016 年 3 月 24 日。★★★

24.《财政部等 11 个部门关于公布跨境电子商务零售进口商品清单的公告》（11 部委局办公告 2016 年第 40 号）2016 年 4 月 6 日。【已失效】★★

25. 海关总署公告 2016 年第 25 号（《关于〈中华人民共和国进境物品归类表〉和〈中华人民共和国进境物品完税价格表〉的公告》），2016 年 4 月 6 日。【已被修改和取代】★

26. 海关总署公告 2016 年第 26 号（《关于跨境电子商务零售进出口商品有关监管事宜的公告》），2016 年 4 月 6 日。【已失效】★★★

27.《财政部等 13 个部门关于公布跨境电子商务零售进口商品清单（第二批）的公告》（13 部委局办公告 2016 年第 47 号），2016 年 4 月 15 日。【已失效】★★

28.《海关总署办公厅关于执行跨境电子商务零售进口新的监管要求有关事宜的通知》（署办发〔2016〕29 号），2016 年 5 月 24 日。★

29.《海关总署关税征管司、加贸司关于明确跨境电商进口商品完税价格有关问题的通知》（税管函〔2016〕73 号），2016 年 7 月 6 日。★★

30. 海关总署公告 2016 年第 63 号（《关于市场采购贸易方式扩大试点的公告》），2016 年 11 月 16 日。★

31. 海关总署公告 2016 年第 75 号（《关于增列海关监管方式代码的公告》），2016 年 12 月 5 日。★★

32.《海关总署关于加强跨境电子商务网购保税进口监管工作的通知》（署加发〔2016〕246 号），2016 年 12 月 16 日。★

33. 海关总署公告 2017 年第 34 号（《关于废止海关监管方式代码的公告》），2017 年 7 月 27 日。★

34. 海关总署公告 2018 年第 27 号（《关于规范跨境电子商务支付企业登记管理的公告》），2018 年 4 月 13 日。【已废止】★

35. 海关总署公告 2018 年第 56 号（《关于跨境电子商务统一版信息化系统企业接入事宜的公告》），2018 年 6 月 14 日。【已废止】★

36.《国务院关于同意在北京等 22 个城市设立跨境电子商务综合试验区的批复》（国函〔2018〕93 号），2018 年 7 月 24 日。★

37.《中华人民共和国电子商务法》（部分内容），2018 年 8 月 31 日。★

38. 海关总署公告 2018 年第 113 号（《关于修订跨境电子商务统一版信息化系统企业接入报文规范的公告》），2018 年 9 月 4 日。★

39.《财政部　税务总局　商务部　海关总署关于跨境电子商务综合试验区零售出口货物税收政策的通知》（财税〔2018〕103 号），2018 年 9 月 28 日。★★

40.《国务院关税税则委员会关于调整进境物品进口税有关问题的通知》（税

委会〔2018〕49 号），2018 年 9 月 30 日。【已被修改和取代】★

41．海关总署公告 2018 年第 140 号（《关于〈中华人民共和国进境物品归类表〉和〈中华人民共和国进境物品完税价格表〉的公告》），2018 年 10 月 25 日。★

42．海关总署公告 2018 年第 164 号（《关于启用进出境邮递物品信息化管理系统有关事宜的公告》），2018 年 11 月 8 日。★★

43．海关总署公告 2018 年第 165 号（《关于实时获取跨境电子商务平台企业支付相关原始数据有关事宜的公告》），2018 年 11 月 8 日。★

44．海关总署公告 2018 年第 167 号（《关于扩大市场采购贸易方式试点的公告》），2018 年 11 月 13 日。★

45．《财政部等 13 个部门关于调整跨境电商零售进口商品清单的公告》（13 部委局办公告 2018 年第 157 号），2018 年 11 月 20 日。【已失效】★★

46．《商务部　发展改革委　海关总署　税务总局　市场监管总局关于完善跨境电子商务零售进口监管有关工作的通知》（商财发〔2018〕486 号），2018 年 11 月 28 日。★★★

47．《财政部　海关总署　国家税务总局关于完善跨境电子商务零售进口税收政策的通知》（财关税〔2018〕49 号），2018 年 11 月 29 日。★★★

48．海关总署公告 2018 年第 179 号（《关于实时获取跨境电子商务平台企业支付相关原始数据接入有关事宜的公告》），2018 年 12 月 3 日。★

49．海关总署公告 2018 年第 194 号（《关于跨境电子商务零售进出口商品有关监管事宜的公告》），2018 年 12 月 10 日。★★★

50．海关总署公告 2018 年第 219 号（《关于跨境电子商务企业海关注册登记管理有关事宜的公告》），2018 年 12 月 29 日。★★

51．《国家邮政局　商务部　海关总署关于促进跨境电子商务寄递服务高质量发展的若干意见》（国邮发〔2019〕17 号），2019 年 2 月 23 日。★

52．《国务院关税税则委员会关于调整进境物品进口税有关问题的通知》（税委会〔2019〕17 号），2019 年 4 月 8 日。★★

53．《国家外汇管理局关于印发〈支付机构外汇业务管理办法〉的通知》（汇发〔2019〕13 号），2019 年 4 月 29 日。★

54．《国家税务总局关于跨境电子商务综合试验区零售出口企业所得税核定

征收有关问题的公告》（国家税务总局公告 2019 年第 36 号），2019 年 10 月 26 日。★★

55.《国务院关于同意在石家庄等 24 个城市设立跨境电子商务综合试验区的批复》（国函〔2019〕137 号），2019 年 12 月 15 日。★

56.《财政部等 13 个部门关于调整扩大跨境电子商务零售进口商品清单的公告》（13 部委局办公告 2019 年第 96 号），2019 年 12 月 24 日。★★

57. 海关总署公告 2019 年第 221 号（《关于修订市场采购贸易监管办法及其监管方式有关事宜的公告》），2019 年 12 月 27 日。★

58. 海关总署公告 2019 年第 229 号（《关于公布〈海关认证企业标准〉的公告》），2019 年 12 月 27 日。★

59. 海关总署公告 2019 年第 229 号附件 1〔《海关认证企业标准（高级认证——跨境电子商务平台企业）》〕，2019 年 12 月 27 日。★

60. 海关总署公告 2019 年第 229 号附件 2〔《海关认证企业标准（一般认证——跨境电子商务平台企业）》〕2019 年 12 月 27 日。★

61.《关于促进消费扩容提质加快形成强大国内市场的实施意见》（发改就业〔2020〕293 号），2020 年 2 月 28 日。★

62. 海关总署公告 2020 年第 44 号（《关于全面推广跨境电子商务出口商品退货监管措施有关事宜的公告》），2020 年 3 月 27 日。★★

63. 海关总署公告 2020 年第 45 号（《关于跨境电子商务零售进口商品退货有关监管事宜的公告》），2020 年 3 月 28 日。★

64.《国务院关于同意在雄安新区等 46 个城市和地区设立跨境电子商务综合试验区的批复》（国函〔2020〕47 号），2020 年 4 月 27 日。★

65.《国务院外汇管理局关于支持贸易新业态发展的通知》（汇发〔2020〕11 号），2020 年 5 月 20 日。★

66. 海关总署公告 2020 年第 75 号（《关于开展跨境电子商务企业对企业出口监管试点的公告》），2020 年 6 月 12 日。★★

67. 海关总署公告 2020 年第 92 号（《关于扩大跨境电子商务企业对企业出口监管试点范围的公告》），2020 年 6 月 12 日。★★